Der Mai recycelt Hoffnung

Gedichte

Peter Frank, Regina Jarisch,
Carsten Rathgeber, Dirk Tilsner u.v.a.

Dorante Edition

Der Mai recycelt Hoffnung

Gedichte

Peter Frank, Regina Jarisch,
Carsten Rathgeber, Dirk Tilsner u.v.a.

Bibliografische Information durch die Deutsche Nationalbibliothek: Die Deutsche Nationalbibliothek verzeichnet diese Publikation in der Deutschen Nationalbibliografie; detaillierte bibliografische Daten sind im Internet über http://dnb.d-nb.de abrufbar.

herausgegeben durch das Literaturpodium, Dorante Edition
Berlin 2025, www.literaturpodium.de
ISBN: 978-3-7693-7582-4

Foto auf dem Buchcover: Insel Møn, Marko Ferst

Verlag: BoD · Books on Demand GmbH, Überseering 33, 22297 Hamburg, bod@bod.de
Druck: Libri Plureos GmbH, Friedensallee 273, 22763 Hamburg

Dirk Tilsner

Fatum

In jener Nacht erlernte ich von dir die Sprache
der Gestirne, Zeichen für Zeichen
deiner unendlichen Legende –

mit blitzenden Klingen im Rachen der Hyäne
und den Schwänzen der Schakale im Gefolge,
den glühenden Odem des Scheusals,
das die Wasserstellen bewacht und das alles
überziehende Geflecht, die funkelnden
Schuppen der unersättlichen Mamba.

Als ich dir meinen Flamingo deuten wollte, hast du
nur spöttisch gelacht: die Kontur des Geiers
sei doch wohl unverkennbar. Beim Zug
darauf überstrahlte die Kippe für einen
kurzen Augenblick dein stellares Armageddon.

Am nächsten Morgen stiegen wir, endlich
nüchtern, wieder hinab, wünschten uns
alles Gute und verloren uns für immer
im Dschungel der Metropolis.

Dirk Tilsner

Sommernachmittagstraum

Auf der Ruine drückt der Tag wie Blei.
In ihren Augen lauert Totenstille.
Die Sonnenuhr des Ampfers steht auf drei
und irgendwo im Gras zirpt eine Grille.

Im Leib der Mauern klaffen tiefe Wunden.
Ein Netz von Schwären, die nichts heilen kann.
Der letzte Riss erschien vor ein paar Stunden:
Ein Trug von Schwingung mit vier Beinchen dran.

Abrupt ein Laut. Das Ächzen einer Strebe?
Der Schmerz sticht heftig in den kranken Bauch.
Ein Klumpen Stuck vermodert im Gewebe
und plumpst hinab. Sein Echo nur ein Hauch,

doch rollt wie eine Walze durch die Hitze.
Die Grille stürzt von ihrer Schrill-Tonleiter.
Der Riss huscht jählings in die nächste Ritze.
Die Sonnenuhr tickt einen Halm-breit weiter.

Dirk Tilsner

Homo Diabolicus

(Versuch zur Sage der Teufelskanzel)

Der Ausblick übers Land, an Sagen reich,
bezeugt auf diesem Fels, mit Müh erklommen:
Der Teufel ist ein Schlappschwanz im Vergleich.

Ein lächerlicher Stein, genau genommen,
mit dem der Prahlhans durch die Lüfte zog,
bis er, erschöpft, an diesen Ort gekommen.

Kein Hexchen, das sich nicht vor Lachen bog,
als sie den matten Satan schlafend fanden,
worauf der schwer gekränkt von dannen flog.

Die Probe hätte er als Mensch bestanden.
Schaut hin! Wo sich einst Wald und Feld und Flur
wie grüner Urstrom durch die Landschaft wanden,

starrt ein Gebirge aus Beton. Natur
des Fortschritts, ohne Wuchs an ihren Hängen.
Statt Schnee an Gipfeln, glänzt die Smog-Glasur.

Weil im Gedärme Gier und Eifer drängen,
macht seine Sippe ganze Gletscher kalt,
bäckt täglich Brot, nur stets in Übermengen,

kippt Müll ins Meer, der sich zu Inseln ballt,
schlägt Wälder ab, legt letzte Sümpfe trocken
und ‚kultiviert' mit Flüssen aus Asphalt.

Sieht sich als Ebenbild, doch liebt das Zocken
und glaubt, wer ständig ärmer wird, ist reich.
Kein Teufel könnte Ähnliches verbocken!

Der Sapiens – Verlierer im Vergleich.

Dirk Tilsner

Superman reloaded

> *but it is the Earth that makes me Human!*

noch einen Power-Shot
hinter die kryptonische Binde
gekippt scheint er
gefasst wie immer, doch was bedeutet der Tropfen
Stahl auf seiner kugelsicheren Epidermis?

> im Kasten unter der Decke
> ringen zwei Erfolgreiche
> um das letzte Wort:
> „Lassen wir den Markt entscheiden!"

noch einmal soll er
alle retten: die Schöne und
die Besserwisser in der Redaktion
die Berserker hinter den Glasfassaden, sogar
die Bauernfänger im Kongress
und überhaupt –
die Welt

> „Good news for the bulls"
> läutert ein Spezialist:
> „Ethereum schürfen lohnt sich wieder!"

noch fünf Minuten bis die Bar schließt, aber
schon kämpft er mit
sich selbst und
stöhnt

> *what for?*

Dirk Tilsner

Messias

so sprichst du also nun zu dem geliebten Volke – UNS!
die wir uns hier vor dir daselbst zusammenpferchten
psychedelisch Fähnchen-wedelnd unter deinem Namen
auf dem Käppi, hechelnd an der Tränke deiner Weisheit

jedes Wort von dir eine Offenbarung, verwandelst Wasser-
stände in Simsalabim intriganter Scharlatane, blauen Dunst
in Pheromon für apodiktische Epigonen und machst Sehende
endlich blind – Pah! pfeifen wir den Spatzen auf den Dächern

so weist du uns den Weg, über Berge von Gewissheiten und
durch Täler dunkler Ahnungen, schreitest uns kühn voran mit
dem Geschrei nach Sühne und Vergeltung, zur Errettung vor
verschworenen Dämonen und ach! einer Zukunft ohne Kohle

jede deiner Schmähungen ein Schauer auf den heißen Stein in
unserer Brust, die sukzessive Härtung, die uns stählt, und zwar
gewaltig(!) gegen alle Ungläubigen mit Akzent, die ewig-freche
große Fresse, die Scheiß-Statistiken vom Amt und weiche Eier

so brüllst du also nun dem Volke: Kämpft, kämpft, kämpft!
auf dass wir uns erlösen – vom Verstand und dich von deinen
Richtern; bleibst dir treu, als kapitaler Hecht und Ententrainer
du Lügenprotz, du dumme-Dunsel-Fischer, du gesalbter Alp!

Dirk Tilsner

gewiss

brauchte damals niemand zu erklären,
wie man z.B. einen listigen Fuchs erkennt
(allzeit im Zentrum der Enten), denn der verstand
ja ohnehin nicht viel von Fock, Besan und
den Winden, die das Herzsegel blähten.

Benehmen oder benommen, das war hier
keine Frage, wir waren schlauer und lasen
uns längst selbst aus den Händen, hatten alles
Wichtige stets in der Tasche, außer dem Kapital
für ein Ticket ans Ziel unserer Träume.

Überhaupt lag der Sinn des Seins in unseren
Triumphen. Wir zerfetzten uns in Witzen über
die Dummheit der Normalos, zogen im Spiel
erfolgreich von Level zu Level und kannten alle
Tricks, die unaufhaltsam zum Jackpot führten.

Mich hielt in einer Sommernacht schließlich
das Glück fest an der Hand. Mir wurde sofort
klar, die Südsee musste kurz warten, das Leben
würde mich demnächst erst noch voll entfalten und
behinderte Kinder kriegen nur andere.

Dirk Tilsner

Weg unter

Breite Straßen, enge Straßen, glatt und sauber
oder steinig, krumm und staubig, ohne Zauber.
Träum dir eine, unbekannt und unbetreten;
jene, die zum Punkt führt, den du unverdrossen
mit den Augen fest verschlossen wie beim Beten
stets vor Augen hast.

Blauer Anzug, grauer Anzug, dem entsprechen
gentle-männlich feine Hemden; weiße(!) stechen
immer gut im Ring. Gerangel ohne Bammel,
bunkern, flunkern, Nerven brechen. Wie gegossen
ist dein Lächeln vor dem Feind, denn bei Gestammel
springt der Punkt ins Nichts.

Erste Reihe, zweite Reihe, schon die dritte
drängt und treibt dich ohne Mitleid hin zur Mitte.
Sei nur nie als erster Erster, denn der Neider
hat den mehr als tausend Male abgeschossen
und der Dritte staunte schlecht beim Fest. Tja leider
war sein Punkt längst fort.

Laufe schnell und laufe schneller, konzentriere
dich gefälligst aufs Gebelle und verliere
nicht die Ungeduld. Nimm Schwefel, Säure, Laugen,
wenn sie taugen. Bald ist deine Zeit verflossen.
Laufe vorwärts, tritt nach hinten, schließ die Augen,
träum den Traum vom Gipfel – Punkt.

Dirk Tilsner

vor der Steilwand
ist in der Dämmerung nichts
undurchdringlicher als der Nebel
der Schwermut
unaufhaltsam über Abgründen kreisen
hoch genug für einen nächsten Flügelschlag
zu tief um dem charybdischen Geheul
endlich zu entkommen

dabei weißt du um den freien Sturz
in lauer Nacht durchs funkelnde Portal der Gestirne
um den Taumel beim Ritt auf
den Schultern dampfender Titanen
und um die blühenden Inseln irgendwo im Meer
der Erinnerung

diesen Hang zu bezwingen –
eigentlich bräuchte es nicht viel:
jenen flimmernden Punkt
für die Peilung im Herz-Bereich
oder eben nur ein wenig Aufwind

deinen Ruf zum Beispiel

Dirk Tilsner

Ode auf einen doitschen Hund

Deutsche Schäferhunde sind die Hunde
mit der doitschen Reinheits-Ur-Urkunde.

Schon beim Siegfried in den Nibelungen
wurden diese Hunde stets besungen.

Kurz: sie sind bis heute für die Schafe
Hüter und der Zahn gerechter Strafe.

Schäferhunde hetzen nur die Herde
zur Bewahrung ihrer Heimaterde.

Schließlich führen auf der doitschen Wiese
Gnu und Antilope in die Krise.

Wenn dort auch noch fremde Ziegen lungern,
müssen ihre Schafe kläglich hungern.

Nun wird klar, was diese Hunde wollen:
Wer kein echtes Schaf ist, soll sich trollen.

Neuerdings kläfft jeder „unser Schäfer
ist ein unverschämter Siebenschläfer!"

Denn sie wissen, schöne Paragrafen
helfen nicht bei kunterbunten Schafen.

Weshalb solche Hunde wölfisch jaulen,
um die Brut der Schäfer zu vergraulen,

legten Schaf und Schäfer gern an Ketten,
ganz egal, was sie zu retten hätten.

Dirk Tilsner

Vexierbild

Frontalansicht – der tägliche Blick auf dich selbst:
ein routinierter Kämpfer, dressierte Miene, ginge durchaus
als Büste durch, warum nicht? auch du beherrschst die Kunst
der Befehle, im modernen Sprachgebrauch: Motivieren ...

einblendend – die gelegentliche Reflexion:
du gehörst zur alten Garde des Kaisers; der sendet dir
hin und wieder ein neues Pferd, dem du beflissen folgst
wärst du nur Feldherr, du würdest tapfer
Grenzflüsse überqueren, Städte errichten
lassen und dich auf den roten Drachen stürzen, denn
der gallische Markt allein ist viel zu klein für dich

abschweifend – die befindliche Durchsicht:
stattdessen würfelst du im Hinterland; sieht nur so aus wie
ein langweiliges Spiel, du trägst Verantwortung und
schnelle Antworten mit dir herum; du bist sogar dabei, wenn sie
einmal pro Woche in Delphi am Tisch sitzen

die Vogelperspektive – Stillleben:
die verlassene Front, Schauplatz irgendeiner Vorgeschichte,
jede Falte ein Strich in einer drögen Landschaft ohne
nennenswerte Erhebungen, ein halb-verdorrtes Stoppelfeld und
an seinen Flanken ein paar Büschel graues Heiligenkraut

aber
die Sonne spiegelt sich
noch immer in den zwei blauen Seen
aber
unter der Kruste!

14

Dirk Tilsner

wenn mir der Flügel bricht

steht alles still: Kein Knospensprung im Strauch
des wilden Daktylus. Kein Anapäst,
der heimlich auf der Borke blüht. Kein Hauch
von Versen. Nicht mal Knarren im Geäst.

Tief in der Höhlung, pelzig, regungslos,
ein Falter, der an einer Chiffre hängt.
Metaphern-Kruste auf dem Grund – ein Moos,
das keine Trope Fantasie mehr fängt.

In diese Öde fällt, halb schlummernd noch,
gleich einer Spore aus der Kreidezeit,
ein Schimmern, Flash, synaptisch klein, jedoch
auch Quell und Nährstoff für die Ewigkeit.

Da bricht die Starre, die auf allem liegt.
Ein ganzer Wald erwacht. Mein Falter fliegt.

Regina Jarisch

im kreis

wir plaudern
schlendern von wort zu satz
über stadt land fluss
aneinander vorbei

ziehen die aussichten
verlieren die blätter das grün
das weiß verplaudert

die zeit
unser gefängnis
erdachter raum zieht sich
zusammen

wir brechen ein
in ein nichts von belang
zerreden das gemeinsame

hinter vorgehaltener hand
verschiedene ansichten
über uns
kreisen die sterne

mondleuchten
zaubert zeitloses
staunen über das unfassbare

Regina Jarisch

innehalten

wir schlendern und plaudern
über stadt land fluss
aneinander vorbei

und brechen ein
in ein nichts von belang
zerreden das gemeinsame

hinter vorgehaltener hand
verschiedene ansichten
warten auf einen ausbruch

unter dem mondleuchten
zeitloser zauber wir
staunen über den

sternenstaub nach dem
urknall

Regina Jarisch

sprachlos

dramen überschlagen sich
königsmörder königsmacher
irre im wind
bündelt sich wahn

in gier schlägt das beil
spaltet den tag und
die nacht wirft haken
angelt köpfe

die sprache ertrinkt im
gestrigen moor
wird sich am morgen das
verlorene finden?

Regina Jarisch

soll und haben

im fortschrittsschwindel verlockt
uns täglich ein neues
verkauft vor jahresende die welt
bilder und zahlen getürkt

reine absichten maskiert
radikal privatisiert
gold und gewinn
der bilanz droht ein loch
die furcht vor verlust
umgeleitet in einzelzimmer
sucht die liebe
nach dem unbezahlbaren du

Regina Jarisch

verspielt

über sofakissen gefallen
aus erwartungen
den strick gedreht

knie knicken

das kissen fängt
schmerzen bleiben aus
im spiegelblind

ticken tage

wünscheverstrickt
die weisheit verspielt
in kissen schlachten

nebeln federn

alles nur theater
neue helden verstricken
die geschlachtete utopie

Regina Jarisch

ohne gewähr

am abend im sessel die einsicht
der kaffee ist heute besser als –

ausgetauscht sind die tassen
zerrissen alte tischtücher

früher handgeknetet das brot
maschinen nehmen uns heute
allerhand aus den fingern

läuft die uhr schnell und schneller
schlagzeilen und botschaften
überfluten die tage mit angeboten

früher war oder später wird alles
es lässt sich viel sagen über

behagen und unbehagen
satt am abend

Regina Jarisch

einsicht

das erinnern debattiert
mögliches und unmögliches
lügt und trügt sich

der gegenwartsfaden
reißt und keine beweise
keine deutungshohheit

gehört dem augenblick
der zweifel legt seine haut
über das gewesene und

das morgen kennt keine
berechnung

Regina Jarisch

ausgefallen oder

erstklassig doppeldeutig
riskant hitzig gelaunt
drittklassig weitsichtig

als engel unterwegs
mit ticket zweiter klasse
im tunnel teuflische gedanken

hoffe ich auf
verschiedene ausgänge
klassenlos

aufgeputscht
steige ich aus dem zug
eindeutig ziemlich spät

und gepäcküberladen
stoße ich mich arg an der
bank in der ersten klasse

und verliere die fassung

Regina Jarisch

bis zur sintflut

kain und abel im blut
verliert sich das herz
in kaiserhohen schatten

halten sich hände an eichen
fest gebunden am alten stamm

zäune gezogen ums revier
aufgerissen darin große münder
speien scheingewissheiten

schlagen zungen tiefe schneisen
spinnen spitze wörter tumbe netze

in der digitalen flut fallen
alle grenzen ins offene meer
dort tobt das spiel

zankt um den erdball rankt
wilder efeu umwürgt die eiche

und dann herzt uns die angst
nicht zu entkommen
dem teufel

Carsten Rathgeber

Herbstlicht

Gitter leuchten im Glanz des Mondes
Im silbrigen Gras flüstert Fremdes

Durch Gassen huschen Lichter
Gleiten fahle Gesichter

Das Andre schimmert im Spiegel
Hinter Stäben harren Siegel

Der Rahmen verläuft, vibriert
Gelbliches zittert

Mögliches umtanzt Wirkliches
Welt umgreift Unheimliches

Menschen kämpfen mit Monstern
Engel mit teuflischen Gespenstern

Carsten Rathgeber

Löcher

In den Übergängen
Ewige Lücken
Zwischen Innen und Außen
Wort und Existenz
Öffnen sich Masken
Blicke ins Verborgene
Es pulsiert

Immerzu Schlagzeilen
Mikroplastik, Hormone
Vermüllte Meere
Vergesslichkeit
Kriege und Folter
Täglich neu
Vergebliches

Wir nehmen Tabletten
Das All schweigt
Unsre Rufe verhallen
Gebete und Gifte
Ohne Gründe

Schlüssel wie unser Blut
Öffnen die Welt, erkunden, deuten
Gnädig zwischen Auf- und Verklärung
Fern verklingt ein Halleluja
Läutet rostiges Metall

Carsten Rathgeber

Regenbogen - scheinbar

Straßenbahnen kreischen in Kurven
Fern erklingen schrille Sirenen
Vom Himmel fallen schwere Tropfen
Waschen rein die Seelen

Wanderer weilen auf Brücken
Sehen ihr Antlitz in Flüssen
Goldenes leuchtet am Grunde
Wie Seide schimmert das Wahre

Wir nehmen bunte Pillen
Ringen mit Neigungen
Fern verklingen helle Glocken
Chemisches erlöst uns in Nächten

Carsten Rathgeber

Vage Sicht

Räume aufgeräumt
Weltsicht sortiert

Gefühle mit Cellophan umhüllt

Türen verschlossen
Schlüssel verlegt

Blicke durch Vorhänge

Carsten Rathgeber

Seelentanz

Tief im Gefüge
Muster in Träumen
Schwarz-weiße Kreise
Nahes, Nährendes
Bilder binden

Die Häute zittern
Sehnsucht nach Wärme
Wimpern verhüllen Gefühle
Vor dem Ich, dem Wir
Doch das Du leuchtet

Tränen und Gesten
Gestalten weinen

Allein, so einsam
Nervöses Zittern

Carsten Rathgeber

Durchschimmerndes

Im Jahr der Besinnung
Zerbröselt der Rahmen
Die Wörter, die Namen
Gar jede Erinnerung

Ob Götter oder Wissen
Die ehrenhaften Spiele
Zähmung von Tat und Wille
Gebunden ans Gewissen

Chimären seltsam glimmern
Sand rinnt entlang der Finger
Dasein allein im Zimmer
Im Schwarzen Muster schimmern

Carsten Rathgeber

Versperrt

Nein - dein letztes Wort
Teilt, begrenzt

Entblößt das Leben
Beendet das Spiel

Steine zerbröseln
Die Hoffnung

Carsten Rathgeber

Schilf in den Dünen

Denke zwischen Wort und Bild
Umkreise das Unsagbare

Hör leis die Stille
Das Laute im Nichts
Spüre das Klopfen
Nur ein Herz
Gleich dem Wellenschlag
Sei mutig, empfindsam

Taste dich entlang der Fäden
Aufgespannt vom Meer zu Wolken

Steige behutsam
Fühle die Rinde der Ewigkeit
Mantel aus feinstem Stoff

Ach, täglich dieses Leben
Wie Sand in den Dünen

Im Hier und Jetzt
Ein Gewebe der Zeit
Diese roten Blätter
So dicht, so schwer
Für die Erinnerungen
Gegen das Vergängliche

Verführung für das Violette
Für Gründe, an die wir glauben

Carsten Rathgeber

Wütende Welt

Geworfen
Dasein mit trüber Sicht
Bedürftig nach Wärme
Sehnsüchtig nach Halt
Suchende

Nachts ein Summen
Lieder zum Licht
Im Café seufzen Geigen
Zum schwarzen Kleid
Vergängliches lebt

Die Welt voller Plastik
Hormone überall
Entzündete Organe
Verlernende Gehirne
Sterben

Brücken stürzen
Starrende Raketen
Lager und Folter
Atomares überall
Schreie, verstummt

Städte zeitlos
Seelen einsam
Leise jedes Gift
Leere gegen Schmerzen
Immerzu Licht

Aale gleiten zum Sargassosee
Treffen auf Müll
Laichende Leiber
Werden zu Leichen
Fraglos

Erzähle von Äpfeln
Inmitten der Wüsten
Vögel würden fliegen
Fische träumen
Schwarzer Regen fällt

Carsten Rathgeber

Treibender Himmel

Moos nährt selbstlos Leben
Inmitten der Lichter
Tummeln sich Schatten

Mit dem Flusswasser
Schwingt einvernehmliche Stille
Gegen das Getöse der Rechner

Schwarze Muster leuchten
Erblindet vom Schein
Öffnen sich Grenzen

Erde und All treiben die Menschen
Gemäß der Himmelszeit
Zu Fluten und Brücken

Grünliches Metall rostet
Treibgut landet an Stränden
Seele atmet und betet

Carsten Rathgeber

Zeichenwelt

Klar wird diese Welt
Nur scheinbar mit den Zeichen
Die das Leben zerteilen
In Sphären von Licht und Lust

Karg wie ein Metall
Erscheint das Ich als Zeichen,
Welches – weltenfern –
glitzert hell wie ein Gestell

Das Ich erfasst sich
– verdreht in Macht und Wissen –
Im Denken, Sprechen, Wollen
Wie ein kluger Automat

Es lebt gebunden
Im Diskurs der Geräte
Kennt kaum die Rechnungen
Nur das Schweigen dieser Welt

Die Welt wirkt grundlos
Alles west und weht
Auch Zeit, Zeichen und Ideen
Der Tod prahlt nur Parolen

Carsten Rathgeber

Welt, lasziv

Unsre Rechnungen sind verworren
Die Welt lasziv verkommen
Wir leben wie Schaufensterpuppen

Das Wissen folgt Modellen
Hängt lose wie Wäsche an Leinen

Suchend nach einer Welt
Die sich selbst erklärt
Hin und her uns trägt

Flammen lecken
Am Rahmen

Peter Frank

Ankunft

für Michael Steuber

In einem vielleicht blauen Bus,
darin die Gerippe der Sommer,
die Langsamkeit erinnern,

einen lange gepackten Koffer
abstellen
in einem Zimmer,
in dem die weißen Fenster den
Geruch der See sammeln,

den alten, unbekannten Weg,
zwischen den Zehen die
kühle Zunge des Sandes,
hinuntergehen zum Meer,

den Männern zunicken,
die in Hemden, Hosenträgern,
die Hüte im Nacken,
vor halbdunklen Gläsern
die Schatten ihrer Hände betrachten,

im Rücken
die von keinem Despoten gewährte
Gnade einer Stuhllehne.

Peter Frank

Frau am Ostseestrand

Im Sand noch die Kinder,
ihre kleinen, schweren Eimer,
ihre Schaufeln, ihre bunten Formen.

Windspiele der Yachten,
leise an den Leinen schaukelnd
im blaugrünen Licht der Wellen.

Herangewachsen,
vermehrt die Algenbrut,
genährt von Stickstoff & Phosphor,
gemästet an Dünger & Gülle,
gesunken ins Dunkel der Aalmutter.

Am Strand steht eine Frau,
zerschunden,
das Kleid in Fetzen,
Rauchgeruch im Haar,
im Blick Leere,
der Mund müde,
aller Worte bar.

Lass gut sein, Kassandra.
Du bist ohne Schuld.

Wir,
das blinde & taube Geschlecht,
sahen nicht die Schrift
an lehmiger Wand,
hörten nicht die
Warnrufe der Uferschwalben.

Peter Frank

Ort am Meer

Häuser
wie das Land,
trotzend dem Wind,

der den Nebel
von den Dächern
scheucht,

in vielen Leben ergraut,
nicht zu schleifen,
hart wie Nannings Hand.

Wer hier lebt,
beendet,
was begonnen,

lernt früh das
Alphabet der See.
Eine Möwe schrieb es

einst
mit ihrem Schnabel
in die Gischt.

Abend ruht aus.
Ein Flüstern noch
im Ried.

Frauen bei den Netzen.
Ein kleines Lächeln,
wenn die Boote kommen.

Peter Frank

Künstlerhaus

Es ist dunkel,
man muss die Augen
zusammenkneifen.

Dann
der Kamin,
darüber
goldene Schallplatten,

eine nackte
gerahmte Schöne,
die Arme über den
Brüsten.

Das Piano aufgeklappt,
ein Feuerzeug,
eine blaue Zigarettenschachtel.

Der volle Aschenbecher.

Oben das Bett,
in dem er starb.

Myriaden von Fotos,
Weinflaschen,
Manuskripte unter Glas,

sorgfältig präpariert
die behaarten Beine einer
Vogelspinne.

Peter Frank

Boule im Winter

Heute sind nur drei da,
zwei mit Basecaps,
einer mit Pudelmütze,
alle in dicken Jacken,
alle tragen Handschuhe.

Sie rollen die Kugel,
bis sie blank, bereit,
sie gehen in die Knie,
schwingen die Kugel
in der rechten,
der linken Hand,
entlassen sie
in die frostkahle Luft,
sehen ihr hinterher,
richten sich wieder auf,
wenn sie liegen bleibt
im schweren, weißen Sand.

Nach der Runde
gehen sie langsam,
treten in die Bahn,
von der sie selbst
den Schnee schoben,
stehen zusammen,
blicken lange hinab,
nicken,
nehmen die Kugeln auf.

Peter Frank

Neige des Sommers

Noch wärmt ein blauer Nachmittag,
leuchtet rosa Aperol.

Früher, kühler
sinkt Abend leise in den See,

löscht die lodernden Wipfel,
dunkelt die Tretboote.

Wer nennt die Einsamkeit
der leeren Stühle im Regen?

Peter Frank

wintertag

noch
zögert der
tag

bäume
schwarz
skelettiert

vogelnest

wie
eine am garderobenhaken
vergessene
mütze

Peter Frank

Windböe

Plötzlich
wie eine Möwe
& genauso frech

nahm mir eine Windböe
meinen neuen Stetson
vom Kopf

Als sei dies
nicht Übergriff
nicht Affront genug

ließ sie ihn
radgleich
auf der Krempe kreisen

ohne Ziel
immer schneller
immer weiter

Ich rannte los
holte ihn ein
stoppte seinen Lauf

mit meinem Schuh
hob ihn auf
klopfte ihn ab

Der Sand
hatte die gleiche Farbe
wie der Hut

Peter Frank

Am alten Grab

Erde
schwarz, schwer,
Schädel, Gebein,
das alte Grab
überdauert
im Schatten der
Rhododendren,
versunken,
verwuchert,
die Stille
von Maulwürfen belauert,
warum
kamen wir hierher?

Leben gelebt,
Leben wie es war,
die Schrift im Stein,
die Namen, die Jahre,
die Spur, die zurückführt.

Peter Frank

Männer auf Dächern

Einer ganz oben am First,
zwei unten am Nackenblech,
die anderen stehn, messen, sprechen,
gehn die Schräge auf & ab,
Flaneure der Luft,
an ihren Westen die großen Knöpfe,
Rivalen der Sonne,
die sie in langen Sommern schultern,
dunkler die Hände, Gesichter, Arme,
dann wieder fühlen sie den Wind,
der ihre Hosenbeine flattern lässt,
sie lachen, rufen, hören laut Musik,
ACDC, Ärzte, Grönemeyer,
sie schlagen, sägen, hieven die
hellen Balken in den Himmel,
entern auf in die Wanten der Wolken,
schon bald schlägt umsonst
der Regen seine Trommel,
sie werfen, fangen, legen
die roten, die schwarzen Pfannen,
an den Schlaufen schaukeln die Hämmer.

Peter Frank

Erinnerung an eine Buchhandlung

Damals gingen wir hinein,
manchmal, weil es regnete,
spürten den Atem der Stille,
erinnerten den alten Geruch,
ließen unsere Augen gleiten,
Kanon eines anderen Lebens,
ihre Rücken uns zugewandt,
abweisend, als wollten sie,
unentdeckten Indigenen gleich,
ihre Sprache bewahren,
mit schüchternen Fingern
zogen wir ein Buch heraus,
auch das eine Form von Glück,
wogen den Band in der Hand,
vertieften uns in den Klappentext,
Uwe Johnsons Jahrestage,
Celans Niemandsrose,
Gedichte einer Unbekannten,
etwas Leichtes für den Sommer.
Später allein, aufgeblättert
das Aroma der weißen Seiten,
das erste Wort im Rauch einer
Selbstgedrehten.

Peter Frank

landstraße

es ist gut
die tachonadel
im blick zu haben
ortsname
kurz im kopf
der tote igel
die blondine im
caprio
bäume
weggefährten
begleiter des lichts
zum schatten
das armaturenbrett
abgedunkelt
folianten der
felder
horizontweit
aufgeblättert vom
krummen finger
des windes
ruhiges stetes
rauschen im
seitenfenster
fahnen
laternen
landgasthof
im augenwinkel
vergangen
oben
im halb geöffneten
schiebedach
kreise eines
großen vogels
unten straße
endlos

straße
irgendwann
besiegt vom
meer

Jakob Wehner

Polaroid

das idealbild meines lebens
ist ein vorbeiziehender blick
in den blauen himmel,
ist ein rücken, in einem einfarbigen shirt
vor zerfasernden wolken,
ein augenwinkelblick
ins analoge objektiv.

das idealbild meines lebens
zeigt ein ausschnitt vier zu drei
verblasste körnung,
reflektion im schatten dahinter
in dunkelgelbem licht
verschwindet ein lächeln
doch noch ist es da

Michael Matzke

Regenwald

Üppig grüne Wälderwände,
amazonaseng umschlungen,
unserer Erde junge Lungen
brennen hell durch Menschenhände.

Rohe Bodenspekulanten
streuen stetig Feuerwalzen,
dort wo Papageien balzen,
dampfend in die Dschungelkanten.

Das Gebet der Indigenen
um Sauerstoff, um Licht, um Leben
weiht den Regenwald nur denen,

die dem Brandraub Riegel geben,
gegen Gier und Geld sich lehnen
und schwingend über Grünem schweben.

Michael Matzke

Asteroid

Ein Riese, weit wie Eis und Stein,
aus unaufhaltsam schwarzer Nacht
entfaltet aus dem All die Macht,
als Weltzerstörer ernst zu sein.

Prognosen warnen vor dem Tag,
an dem der Koloss näher fegt,
auf Land und Atmosphäre schlägt
und Endzeitalter kommen mag.

Panik flammt! Wer kann, will fliehen.
Doch weiß keiner noch so recht,
wohin die Menschenmassen ziehen.

Die Überlebenschancen schlecht.
Das Erdenglück ist nur geliehen.
Der Aufprall megatonnenecht.

Michael Matzke

Tsunami

Inselgrüne Idylle. Sonnenbrandheißer Strand.
Weiß wie Mehl rieselt zarter Sand zwischen Zehen.

Unbemerkt wandelt sich Brandung in ebene Ebbe.
Seeigel schimmern seicht wie Steine im Schelf.

Grollend rollt der Horizont. Massenstark rast
ein wachsender Wasserwall unaufhaltsam heran.

Gebirgsgleich gießt Gischt auf hilflose Hütten,
packt Palmen wie Halme, schiebt Schiffe wie Schilf.

Schlingende Schneisen schneiden ins Land.
Sekundenschnell endet Leben im Elend der Wellen.

Zögernd nur zieht die spülende Zunge zurück
mit geborstener Beute zur Senke der See.

Die Küste bleibt Wüste aus Schlieren und Schlamm.
Erbarmungslos die Macht der Meere!

Michael Matzke

Kugelmensch

Der Dichter Aristophanes
im antiken Griechenland
schrieb Schauspiele, Komödien
und war für Dichtkunst weit bekannt.
Bei einem Gastmahl ähnlich festlich
wie bei Hochzeitsfeiern heute
brachte er eine Legende
erstmals unter Menschenleute.

So habe es von Menschenkindern
drei Geschlechter einst gegeben.
Der Mann erwarb als Sohn der Sonne
feurig-heiß sein Erdenleben.
Die Frau war bodenständig stark
und Tochter unserer Mutter Erde.
Der Mond indes sorgte dafür,
dass noch ein drittes Geschlecht werde.

Es war der Kugelmensch
mit je vier Füßen und vier Händen.
Ein Kopf mit zwei Gesichtern,
wollte man ihn wenden.
Der Kugelmensch war stark
und flink und schlau.
Das wussten auch die Götter
leider zu genau.

So schnitt der Göttervater Zeus
die Kugelmenschen in zwei Teile.
Getrennt und aufrecht auf zwei Beinen
flohen die Hälften dann in Eile.
Verloren sich aus Sinn und Augen.
Doch mag es unterbewusst scheinen,
als wollten sich die beiden Hälften
voll Sehnsucht wieder rückvereinen.

Denn ihre ehrlich-sanften Wesen
konnten in den Seelen lesen,
dass diese eng verbunden waren
schon seit vielen tausend Jahren.
Auch wenn die Seelen ständig wandern,
finden sie dann doch den andern,
den sie insgeheim verehren
und in Liebe heiß begehren.

Wollen nur einander dienen
und schon bald ist es erschienen,
als ob zwei halbe Kugelsphären
einander vollständig gehören.
Doch wollte Zeus
die Kugelhälften scheiden
und deren Reunion,
so gut es geht, vermeiden.

Doch ist bei manchen
dieser Plan ihm nicht gediehen.
Da kann er noch so sehr
auf seiner Wolke niederknien
und Blitze schleudern
hart wie feste Bolzen.
Sie sind für ewig
zur perfekten Form verschmolzen!

Und was zum Schluss
nur noch zu sagen bliebe,
ist: „Nichts!" - Denn es ist reine Liebe!

Michael Matzke

Zwergenweihnacht

Hinten weit im Winterwald
unter schneegeschmückten Hainen
scheint ein Lichtlein vorzuscheinen,
wo oft nur ein Käuzchen schallt.

Pilze, Bäche, Mond und Berge
loben froh das Jesukind.
Zauberhaft verbunden sind
Elfen, Kobolde und Zwerge.

Wispernd wehen Winterwinde.
Wurzeldumpf erwacht Gesang.
Weiß wie Weihrauch schimmert Rinde.

Leise liegt der Waldesrand.
Und im Inneren der Linde
schwingt ein lilalichter Klang.

Heike Streithoff

Metamorphose

Auf dem Frühlingshügel
hinauf drückende Gewölbe.
Nieselnder Müßiggang
nach dem Donnerkrach.
Rauschende Melodien.

Vorm feuchten Luftmeer
ätherisch ein Zaun.
Schwebend Gipfelkamm,
Wildblumenwiesen,
lösende Windstöße.

Giftgrüner Rasen stachelt
frisch an den Sandalen,
rüttelt wach. Sanfte
Höhenrücken befreien.
Flachen jenseitig ab.

Der weite Grat hin leer,
noch harter, gerillter Boden.
Sonnenstrahlen erhellen
das blaue Firmament.
Göttergleich unendlich.

Ilkahöhe

Heike Streithoff

Waldeinsamkeit

Waldeinsamkeit

Wie sehne ich mich nach dir!

Überall Frohsinn, überall Heiterkeit,
suchen in den reinen Alleen des Waldes
Menschen, die sich zuschreien.
Ich suche leutescheu im Wald nach dir
und finde Schallwellen.

Es müsste mich in der Waldeinsamkeit frieren,
aber nur in der beruhigenden Stille der Natur
finde ich mich und stärke meine Seele.
Durch die Wälder der Vorstadt
besuchte ich die Stille in mir.

Heike Streithoff

Ballade zum Trotz

Ich werde nicht teilen, was heilig
und raffen und gieren, wonach
mir ist? Das ist verdorben.

Ich werde jede Regung erproben,
peinliches brav sein überwinden,
abzulassen, Zuversicht erbitten.

Ich werde wachsam sein, kaum
Entflammten verfallen, klar denen
gegenüber, die Zuneigung tarnen.

Ich werde intakte Rhythmen gehen,
der Arglist widerstehen, ohne Frust,
ohne Starrsinn im kratzigen Leben.

Ich werde stets Gefühle achten,
der Vernunft tröstend nachgeben,
immerhin auch Rede und Antwort.

Ich werde das Anderssein wagen,
erzwinge bloß nicht Entgangenes!
Außer in Liebe bejah' ich keines.

Leonie Klendauer

80 Maschen

jemanden verlieren
wie die Mütze
im Routemaster
hinter der Tower Bridge

jemanden verlieren wie
eine selbstgestrickte Mütze
wieder zu öffnen
Monate und Jahre
Masche für Masche
ein Wirrwarr

aus einem einzigen
Faden in der Hand
dieselbe Wolle
die dolle gekratzt
in London gewärmt
und gepasst hat

Andrzej Kikał

Westpommersche Wälder

Am Hafenufer
vorbereitet zum Abtransport
in ferne Länder
vielleicht nach China

liegt
wie ein Holzklotz
ein zu Boden gestreckter Wald
vielleicht auch zwei

Sonnenaufgänge
die Spuren des Fuchses & Co
das Pfeifen der Winde
vielleicht auch der Harzduft

sind jetzt bloß rostige Zylinder
in Kubikmeter erfasst
in Halden gepresst
Vielleicht weil ...

Andrzej Kikał

PUTINISCHE LUNTE V

GROSSRUSSLAND

GROSS RUSS L A ND

ROSS RUSS   L A   N D

RUSS /
ROSS   L   A   N   D

                         A

RUß   **✱**

                  L   **D**

                              N

LAND IM RUß

Willi Volka

Vor dem Wind

Knattert das Tuch
vorm Gestade
den Hügeln und Stränden
unterm Weiß von
schweigenden Höhen.

Flattert das Segel
im Turnen der Wellen
liegt die Hand an der Pinne
hält Kurs
im weit sich öffnendem See.

Leichtigkeit tut sich kund
bei Überschlagwellen
mit Lichtfeuer im Wogen
von Freiheit getragen
über tiefem Grund.

Die Halse wagen
schlägt der Großbaum
unterm Segelknall
zum neuen Kurs
Köpfe weggeduckt.

Willi Volka

Sei gegenwärtig

Als ob Zeit
sich in ihrem Fluss
wendete –
nie kehrt sie zurück.

Zeiger oder Zahlenspiel
einer Uhr
lassen sich verstellen –
aber Zeit betrügt man nicht.

Präzise Zeiterfassung
passt zum Wettlauf
Zielfotobeweise –
Zeit schieß darüber hinaus.

Kraftwerkwerke unter Beschuss
und getroffene Feuerwehrleute
erliegen dem sodomatischen Ende –
Zeit lässt sie zurück.

So bleiben
Hinterlassenschaften
der Archäologie vergänglichen Lebens –
Zeit trägt mit sich Gegenwart.

Willi Volka

Was sonst?

Drohnen und Raketen
befeuert
knallendes Bersten
Beben.

Rauch und Staub
durchs Fadenkreuz
schmerzvoll
Freiheit leidvoll.

In Ohnmacht
von Hoffnung
zwingend umarmt
was sonst?

Zukunft kitten
sich ans Leben klammern
in Trümmern zittern
kalt überleben.

Unter Raketenschwärmen
Drohnenexplosionen
unterm Kollapsgedröhn
Freiheit ständig sich wagt.

Willi Volka

Hier kommt bald Glasfaser

und Fortschritt wühlt
sich durchs Wohngebiet
markiert von
geheimnisvollen Bodenzeichen
für superschnelle Netzverbindungen.

Zaunteile stapeln verlagern
und gestellte Wanderzäune bewegen
begleitet von tönenden Maschinen
rastlos über Wege am Tage
transportieren.

Fleißige Hände
lösen Steine
oder beißen sich durch Teer
legen oder ziehen
Schlangen ins oder durchs Erdenreich.

Die neue Technik
wütet vor den Türen
für Geschwindigkeit und
Kapazitätserweiterung
verbinden und schließen an.

Zukunft braucht Zeit
ist nicht geräuschlos
ist sichtbar lästig
bis alles im Lot
Zukunft hat ihren Preis.

Willi Volka

Jedenfalls

Jetzt fehlt jede Scheu:
Remigration
reißt ab die Windräder
gibt die EU und den Euro auf –
das sagt die Frau.

Warum nimmt sie
sich nicht beim Wort
und remigriert in die Schweiz
in einen Kantonflecken ohne Windräder
ohne eine EU-Mitgliedschaft
mit eigener Währung?
und folgt ihrem Leitbild.

Am schlimmsten für die Jugend
als Influencerin
die nach Followern ruft.
Deutschlanderwache!

Sie will meinen Friseur
remigrieren
die erneuerbaren Energie-Areale
refossilieren
die Gemeinschaft
die Wohlstand und Frieden garantierte
retournieren –
eine Don Quichottin
die Windflügel bekämpft
die vom wind of change bewegt –
Migration nicht endet
der Klimawandel
so nicht zu reorganisieren ist.

Einzig
Vernunftwege und Humanität
sind gefragt
keine keiner
lebt sich selbst
jedenfalls.

Volker Teodorczyk

Vorsatz

Das Tageslicht verliert an Kraft
und ficht noch mit der Dämmerung
um letzte lichte Flächen
mit Hoffnung auf Verlängerung
bis sich die Strahlen brechen

Mal wieder ist ein Tag vertan
als wäre er im Würfelspiel
gesetzt und dann verpfändet
als hätte es nur eins zum Ziel
dass er schnellst möglich endet

Verschenkt das Reservoir an Zeit
vergeudet im Sekundentakt
grob fahrlässig verludert
und schließlich folgt der letzte Akt
zu spät zurückgerudert

Selbst wer noch einen Baum umarmt
erweckt den Schein der Kondolenz
erspürt vielleicht das Ende
die Geste strotzt von Dekadenz
doch niemand schreit nach Wende

Wie schnell sich eine Welt verbraucht
mit Vorsatz und Entschlossenheit
der Mensch zeigt sich entrüstet
doch irritiert die Gründlichkeit
mit der er sich noch brüstet

Und unbeirrbar hält er fest
An der Vollendung der Natur
Sie wankt schon stark benommen
Doch leistet noch die Signatur
Fürs Ende, es wird kommen

Volker Teodorczyk

Neubeginn

Aus Neugier nicht, aus Nöten
Nicht aus der Lust zu reisen
Aus Spaß am Abenteuer
Die nackte Not bestimmte
Das Planen und das Handeln
Trotz Zweifel und Verzagen
Den Rest an Mut zu wagen

Nach Flucht und nach Torturen
Unendlich langen Wegen
Entbehrungsreich und steinig
In Booten und Schaluppen
Spielzeuge der Gezeiten
Und dann an Land gespien
Auf fremder Erde knien

Nun sind sie da, gelandet
Mehr tot als noch im Leben
Doch manche blieben draußen
Als würd' man sie beneiden
Um ihre letzte Ruhe
Wer hat, wird kurz erwogen
Das bessre Los gezogen?

In leere Augen schauen
Und kalte Hände greifen
Durchnässte Körper fassen
Verstörte Kinder trösten
Die Alten unterhaken
Sie Wärme spüren lassen
Und ihre Not erfassen

Verstreut in alle Winde
Verteilt wie Gut und Ware
Und zügig zugewiesen

Baracken, Unterkünfte
Nach Anweisung bezogen
Schlafplätze trennen Leinen
Dann hört man leises Weinen…

Volker Teodorczyk

Poesie

Es ist gedankliches Entrücken,
Verlust an Haftung und an Halt.
Gleich einer bunten Traumkaskade
wird Wunsch zur festen Wirklichkeit,
gewinnt an Form und an Gestalt.
Welch wunderschöne Maskerade!

Und so wird man hineingezogen
in eine dichte Wörterwelt,
Um wie betäubt dann zu verweilen,
gibt sich den Sätzen haltlos hin.
Dann fällt fast jeder wie bestellt
herein auf diese Macht der Zeilen.

Welch Poesie, welch sanfte Worte!
Als wenn die Welt sich menschlich gibt.
Ein Lebensborn statt einer Brache.
Kritik ist ihrer Macht beraubt.
Was sich noch vor die Sonne schiebt
verschwindet mit der Kraft der Sprache.

Doch wenn sie platzt, die zarte Blase,
Ein Luftschloss schnell zum Trugbild wird.
Dann schließen Wolkenkuckucksheime.
Sie ist enttarnt, die Illusion.
Der Leser wach, denkt irritiert:
Sie waren täuschend schön, die Reime!

Volker Teodorczyk

Ausgewiesen

Die Nacht durchreißen kalte Schreie
Vielfüßig wird ein Flur durchschritten
Fernab von Rücksicht, guten Sitten
Wird angeordnet und gedroht
Das Recht spricht oft im rauen Ton
Sind Obrigkeiten so verroht?
Die Mutter stellt sich vor den Sohn

Und es beginnt mit der Belehrung
Im ruhigen Ton, erst Einzelheiten
Dann Gründe und auch Möglichkeiten
Die Zielpersonen sind verwirrt
Als wäre es ein Ratespiel
Verlaufen oder gar verirrt
Zu Übergriffen fehlt nicht viel

Es zeigt sich Angst in ihren Blicken
Sie lähmt und nimmt Besitz von ihnen
Versteinert blicken ernste Mienen
Ein unsichtbares Netz umgibt
Und lähmt bewusst Bewegungsdrang
Die Fahndung hat sie ausgesiebt
Nun greift man zu und fragt nicht lang

Gezerrt, gedrängt, und dann verladen
Ein Rendezvous der leeren Blicke
Hoffnung zerspringt in tausend Stücke
Ein letztes Mal zurückgeschaut
Mit Ungeduld, es drängt die Zeit
Der Charterflieger startet laut
Das Ziel ist die Vergangenheit….

Volker Teodorczyk

Besinnung

Ein Wort nur, unverpackt
zwei nackte Silben, infiziert
von abgrundtiefer Häme
die Tür zur Umkehr fällt ins Schloss
es schließen sich Visiere
Verwünschungen und Flüche
schlagen Seelenwunden

Saatgut, mit Zwietracht durchtränkt
fällt auf fruchtbaren Boden
und bringt den verdorbenen Samen
der Feindseligkeit zur Reife
wenn die Früchte des Feldes
derart gut gedeihen würden
sähe ich die Welt gesättigt

Doch Scham kämpft um Beachtung
fragt nach, drängt sich mutig vor
weckt Milde und Selbstkritik
und rüttelt an starren Pforten
kaum wahrnehmbar, ein Nervenstrang
inszeniert ein winziges Lächeln
was sich widerstandslos ausbreitet

Einen Adressaten findet
und sich erleichtert spiegelt

Volker Teodorczyk

Flug

Ihn trägt der Wind auf seinem Weg
der Atemstoß der Wolkenwogen
was doch die Leichtigkeit vermag
behütend und im Gleichgewicht
flankiert durch einen Flügelschlag

Kaum merklich ziehen Fasern an
es scheint die Schwerkraft überlistet
selbst Sonnenstrahlen brüsten sich
ob ihrer Schwere, ihrer Kraft
ein Hauch zieht Wege, lediglich

Als ob die Form und Konstruktion
nicht schon die Grenzbereiche streichelt
unwirklich zeigt die Farbenpracht
in Harmonie mit der Gestalt
ein Kunstobjekt, im Traum erdacht

Geräuschlos wiegt er durch Luft
und kontaktiert nach Lust und Laune
das Angebot im Blütenraum
sein Körper schwebt, wie Nebeldunst
der ihn umgibt wie einen Saum

Vielleicht fehlt noch ein Deut Respekt
ein Hauch von Achtung und Verstehen
es ist Natur und nicht erdacht
zum Fühlen nah und kein Phantom
ein Wesen, das begreiflich macht

Joachim Gräber

Ferrata am Garda

Im März, wenn jung, adrett und hüftdynamisch
das Skivolk hordenweis' zu Tal sich schwingt,
bin, alter Knabe, karabinberingt,
am Steig ob Riva himmelwärts nicht lahm ich.

Nun ja: die Steile künstlich zu erklettern,
am Seil aus Draht, auf Leitern zahm empor,
ist Sport kaum mehr als ständig, volles Rohr!,
nach Liftbenutzung Pisten abzubrettern.

Was mich beglückt? Die Pflanzen sind's, das Klima;
erleben Frühling pur am Gardasee,
wo auf dem letzten Stück hinauf zur Cima

die Rosen Christi drängen aus dem Schnee.
Und morgen, klar doch, werde ohn' Bedenken
ich mit dem Monte Baldo mich beschenken.

Rainer Gellermann

Zuviel [Salomon 24]

Ein Jegliches hat sein Maß
und alles Wachsen unter dem Himmel hat ein
Zuviel.

Essen hat ein Zuviel, Trinken hat ein Zuviel.
Reichtum hat ein Zuviel, Armut hat ein Zuviel.
Regen hat ein Zuviel, Dürre hat ein Zuviel.
Arbeiten hat ein Zuviel, Spielen hat ein Zuviel.
Feigheit hat ein Zuviel; Trägheit hat ein Zuviel, Dummheit hat
ein
Zuviel.

Weil Wachsen Fetisch wurde,
so will jedermann seinen Gewinn davon.

Ich sehe die Weisheit, die Gott den Menschen gegeben hat und
wie sie die Menschen narrt. Denn ER
hat alle gierig gemacht, als wir Wenige waren.
Auch hat ER
das Mehr zu ihrer Gier gelegt und vergessen, dass der Mensch
nicht ergründen kann deren Grenzen
durch Weisheit.

Jetzt, wo wir zu viele sind,
ist es
Zuviel.

Rainer Gellermann

kleiner mai

der mai recycelt hoffnung
zerpixelt rasengrün
mit farbtupfern
aus blumen

wir recyceln unseren winter-
bauchspeck zu frühlings-
bauchspeck unter sommer-
garderobe

den geruch abgestandener argumente
zu alten gewohnheiten
recyclen wir mit frischen sprüchen
über nachhaltigkeit

aus der randzone
des nachwachsenden klimawandels
stinken am horizont die pläne
unserer urlaubsreisen

Rainer Gellermann

Was ich wollte

Als ich durch die Stratosphäre schwebte,
weit über den flauschigen Wolken,
weit über den Pflichten und Regeln von anderen,
gut versorgt mit Freiheit zu wollen das Meine,
da lagen die toten Kühltürme am angstplanierten Boden,
da feierten die 5000 auf den Schutthalden erschlagener Argumente,
da tanzten die satten Rapper um ihr schreiendes Ich,
da näselte ein alter Mann von seinem Ding,
da hielt ich Jesus an meinem Gängelband.

Das wollte ich.

Als aber Flugzeuge reglos am Boden standen
und die Trümmer der Finanzmärkte niederprasselten
auf die Nullzinsen in den ausgedörrten Talsperren,
die Ameisen über meinen Zaun krabbelten
und die Sterne immer noch stumm zusahen,
da sah ich Jesus über das Wasser gehen,
da sah ich das Wasser unter Jesus fließen,
da sah ich mein Wollen auf den Schultern von Jesus –
da sah ich, wie Jesus einbrach in den trüben See.

Als aber Jesus aus dem Wasser stieg
und ihm Scharen von bunten Schmetterlingen folgten
aus der Chaostheorie vom Amazonasurwald
und die Schwarmintelligenz mit wirren Flügeln
vor der grünen Landschaft flatterte,
da streamte aus Lautsprechern digitale Marschmusik,
da saßen die hungrigen 5000 auf dem Ölberg,
da wuchsen Schlingpflanzen aus vergrabenen Argumenten,
da marschierten die Kühltürme im Stechschritt heran.

Das wollte ich nicht.

Rainer Maria Rilke

Alles wird

(1901)

Alles wird wieder groß sein und gewaltig.
Die Lande einfach und die Wasser faltig,
die Bäume riesig und sehr klein die Mauern;
und in den Tälern, stark und vielgestaltig,
ein Volk von Hirten und von Ackerbauern.

Und keine Kirchen, welche Gott umklammern
wie einen Flüchtling und ihn dann bejammern
wie ein gefangenes und wundes Tier, –
die Häuser gastlich allen Einlassklopfern
und ein Gefühl von unbegrenztem Opfern
in allem Handeln und in dir und mir.

Kein Jenseitswarten und kein Schaun nach drüben,
nur Sehnsucht, auch den Tod nicht zu entweihn
und dienend sich am Irdischen zu üben,
um seinen Händen nicht mehr neu zu sein.

Rainer Gellermann

Alles wird

(Eine Rilke Reflexion 2024)

Alles wird älter, kleiner, faltig,
die Meere warm und plastikhaltig.
Die Länder zittern, ziehen hoch die Mauern,
damit von Bergen, die einmal gewaltig
nicht Herden steigen fremder Ackerbauern.

Und Kirchen, die an Gott sich klammern,
wie einen Flüchtling, um ihn zu bejammern
mit Texten aus befangenem Brevier.
Die Häuser schließen sich vor Einlassklopfern
und das Gefühl, wir sind die Opfer
schleicht in die Stuben, sitzt bei dir und mir.

Kein Jenseitswarten, nur noch Schaum vorm Munde,
nur gierig Sehnsucht nach dem Urlaubsziel.
Und dienen soll mir Gott für meine Kunden;
in Schönschrift, schwarz vom Federkiel!

Rainer Gellermann

Wikingerkirche

(Eine Reflexion zu Kapitel 8 in Jared Diamonds Buch „Kollaps")

ich reise auf dem zahlenstrahl rückwärts ins grüne land
besuche die letzte frau vom letzten jahr
die ihren letzten sohn schon lange
begraben hat unter eingefrorener hoffnungslosigkeit
besichtige die kirche
am rand der mitternachtssonne
die langsam zuschneit
mitten im mai
treffe den letzten priester
der festhält kelch und bibel
in klammen händen
und weiß dass ihm das wetter
längst den boden unter den schneefeldern
weggezogen hat

ich lese von den abzählbar wenigen die einsegelten
auf brüchigen booten vollgepackt mit hoffnung und glaube,
mit stolz und vorurteil
die wie die ameisen krabbelten über das neue grüne land
dessen dünne haut so leicht auf dem felsen lag
wie die seidentücher in den träumen der frauen
auf ihren schultern
die nichts wussten vom zuviel der wenigen
am rand der existenzzone
vom plündern der ressourcen
bis nur plunder übrigblieb
und tänze um den schattenwurf
unverrückbarer rituale
in stetig verrückenden zeiten

jetzt stehe ich vor den ruinen der wikingerkirche
unbeweglich die steinmauern
um die herum krabbelde wesen

im singular harmlos im plural verderblich
fotos schießen
und der guide berichtet
mit stolz und vorurteil
von den abzählbar vielen
die kamen kommen kommen sollen
die gern
am rand der existenzzone
den wohlstandswalzer
auf schwindendem permafrost tanzen
wie ich

Rainer Gellermann

Vom Retten der Wale

Gefangen du, gefangen ich,
wir sehen uns gelegentlich,
an unsern Wohlfühlstätten.

Wir tanzen durch das Märchenschloss,
im Traum da sind wir schwerelos,
und können Wale retten.

Erwachst du dann und weckst mich auf,
dann geht die Tür von innen auf
und draußen liegen Ketten.

Rainer Gellermann

Parteitag

Mitten in der schwungvollen Rede über
die glänzende Zukunft
traten die einfachen Wahrheiten
geräuschlos in den Saal.

Der Redner stockte,
seine perlmuttig schimmernden
Floskeln schwebten
flügelschlagend im Raum.

Ratlos, wie zum Abspann eines Tatortfilms,
blickten die Zuhörer bis ein neuer
Wortfluss die einfachen Wahrheiten
endlich fortgespült hatte.

Rainer Gellermann

Novembernachrichten

Der November ist der hinterhältigste
Monat von allen. Er mischt
den Jetlag der letzten Oktobertage mit
den mildesten Jahrestemperaturen
und in den Rüben warten
Kristalle auf ihren Einsatz
für den Bauchspeck.

Mein Engel macht Urlaub, sucht
gute Worte für die anschleichende
Abschiedsfeier des Jahres;
findet treffende Adjektive
zum Einschlagen zwischen
hohlen Geschichten,
die aus den Ohren hängen.

Beim herb-bitteren Morgentee
schießt die Morgenzeitung Ismuspfeile
in meinen Kopf.
Ich stärke die Hornhaut auf meiner Zunge
mit Dattelöl, drehe die Augen auf
fehlende Einsicht.
Rüste mich
für den faktenbasierten Tag.

Rainer Gellermann

testament

hinter meinem haus stehen nackt
zwei stabreime im novemberregen
einst blitzableiter bei donnerwetter
in jahreszeiten der ungeduld

jetzt hat sich schnee auf meine kopfhaut
gelegt wie gandalf der graue
stehe ich im nebelmeer
feuchte kriecht im kragen

ich lausche dem verhallenden echo
ungeduldiger nächte im pfeifen
des tinnitus das unterzugehen droht
wie ein flüchtlingsboot im atlantik

ich zähle die schoten und
die erbsen im schrank
mache mein ungefragtes testament
in versen

Friedrich J. Minde

Juni

Verzogen nunmehr
Die Nachtigall dorthin
Von wo sie gekommen einst
Und hat wie ein silbernes Garn
Ihr Mondlied herausgetrennt
Aus der verstummten Welt

Ich aber ich fühl
Diese Flugbahn den Sog
Zum unbestimmbaren Kap

Ihrer zweifachen Zeit – länger
Als ihres Werbelieds Anfang
Und kürzer zugleich auch als
Des Sterbelieds Ende

Dort sind wir verabredet
Einst um uns auszutauschen

Friedrich J. Minde

Klimakipper

Wozu einer Politik die stumpf
Tag für Tag vorklagen
        Nitai amar mata hati
Und einem Himmel ach maulwurfsblind
Jede Nacht vorjammern
        Nitai amar mata hati

Polschmelze Golfstrom Meeresspiegel
Das Wetter die Wüsten
        Wenn man diese Worte immer wiederholt

Ärmel hoch jetzt
Und pack es an mit Aktionsmails
Noch faktengewappneter als die früheren
Viel Wiki und ganz viel Google
        Und dadurch in Ekstase gerät
        Kann man nicht mehr alle Worte aussprechen

Zum Beispiel H.
Dass er endlich aufhört mit Fleisch
        Nur hati hati
        Dann bloß ha

Auch tote Hühner Kandidaten grad sie für
Unlinearen Flügelschlag

Aber da kannst du clicken bis dir der Lap heißläuft
        Und zuletzt wird der Atem reglos –
        Kumbhaka

René Oberholzer

Nur ein Lächeln

Die alten Menschen
Sitzen am langen Tisch
Gertrud kann nicht mehr sprechen
Walter auch nicht
Gertrud kann noch gut sehen
Walter auch

Die alten Menschen
Sitzen den ganzen Tag
Am rechteckigen Tisch
Manchmal werden sie
Nach draussen gebracht
Und wieder zurück

Gertrud sitzt lieber am Tisch
Als an der frischen Luft
So auch Walter
Da sieht er Gertrud
Manchmal lächelt er
Manchmal lächelt sie

Die alten Menschen
Gehen früh zu Bett
Jeder in sein Zimmer
Jeder für sich allein
Nur Gertrud und Walter
Bleiben noch lange wach

Irgendwann im November
Fehlt ein Gedeck auf dem Tisch
Gertrud sitzt da und denkt
Wo bleibt denn nur Walter
Doch Walter kommt nicht mehr
Gertrud schläft nicht gut

Drei Tage später
Liegt ein neues Gedeck
Auf dem langen Tisch
Regungslose Gesichter
Pirmin heisst der Neue
Starrt unentwegt Gertrud an

René Oberholzer

Vakant

Langsam nähere ich mich dem Haus
Sehe im Erdgeschoss keine Vorhänge
Nähere mich dem Briefkasten
Das Erdgeschoss steht leer

Eine Frau lebte dort mit ihrer Katze
Hatte einen Rollator und Schmerzen
War launisch und eigensinnig
Ich kannte sie nur flüchtig

Ich steige langsam die Treppen hoch
Wieder jemand aus der Umgebung
Ist heimlich und leise verschwunden
Wer ist als Nächster dran

René Oberholzer

Prolog

Das Meer
Eine waagrechte Bühne
Ohne Vorhang

Du und ich
Erfahrene Statisten
Wange an Wange

Unsere Haare
Noch salzig feucht
Von der letzten Welle

Unsere Blicke
Wohlig eingehüllt
In Schweigen

Unsere Lippen
Bei Sonnenuntergang
In Wartestellung

Unsere Zungen
In der Dämmerung
Hungrig auf die Nacht

Schon bald du und ich
Wie die Wellen
Wie das Meer

René Oberholzer

September

Vage die Erinnerung
An Nebelfelder auf dem Berg
Wir kurz nur für uns sichtbar

Später kalter Regen
Auf dem Weg nach Hause
Wärmend die Dusche danach

Lyrisch der romantische Abend
Zwischen Hesse und Rilke
Tief verloren wir in uns selbst

Das Wiedersehen morgen mit dir
Nach Jahren der Entbehrung
Glut flackert wieder auf

Morgen die Stunde Null
Der Beginn einer neuen Zeit
Wissend um deren Endlichkeit

Verschwenderisch wird sie sein
Meine nie erloschene Liebe
Angestaut in all den Jahren

Lass uns den September feiern
Unter dem bleichen Vollmond
Tief in die Nacht hinein

Lass uns ein Bild zeugen
Zwischen unseren Lippen
Für den Anfang und das Ende

René Oberholzer

Brennpunkt

Der Brenner war
Nicht der Burner
Es herrschte Nebel
Und es brannte

Da brannten Autos
Auf der Strasse
Da lagen die Nerven
Vom Warten blank

Der Brenner war
Nicht der Burner
Es gab Rauch
Vom vielen Feuer

Da brannte für Maria
Die Vergangenheit
Da brannte für Urs
Die Zukunft

Der Brenner war
Nicht der Burner
Es herrschte Chaos
Es herrschte Entsetzen

Da brannte für Regula
Die Liebe
Da brannte für Peter
Die Geschichte

Der Brenner
War nicht der Burner
Bei der Weiterfahrt
Klarte der Himmel auf

René Oberholzer

Die Vermischung

Während ich
Mit meiner Hand
Ihr am Strand
Über die Wange fahre
Liest sie von mir
Ein Gedicht

Im Gedicht
Fahre ich
Am Strand
Mit meiner Hand
Meiner Geliebten
Über die Wange

Im Gedicht
Passiert noch mehr
Hinter der Düne
Hinter dem Zaun
Unter der Pinie
Im Sand

Die Sonne brennt
Das Meer ist ruhig
Eine leichte Brise
Vermischt zunehmend
Die Poesie
Mit der Gegenwart

René Oberholzer

Süsswassersommer

Ich stieg auf den Turm
Schrie voller Inbrunst
Du bist mein Leben
Und sprang hinunter

Sie horchte auf
Schaute sich um
Ich verschwand im See
Tauchte wieder auf

Ich schwamm ans Ufer
Flüsterte ihr ins Ohr
Du bist mein Leben
Zog sie ins Wasser

Sie tauchte auf
Sagte lächelnd
Du bist ein Schuft
Und küsste mich

Wir tauchten ab
Spielten mit den Händen
Tauchten auf
Tauchten ab

Der Sommer war lange
Die Küsse waren süss
Die Nächte waren schwül
Ich wollte nie mehr schlafen

René Oberholzer

Im Fluss

Kinder sind Kinder
Kinder sind Fleisch und Blut

Blut ist dicker als Wasser
Ich bin das Wasser im Fluss

Kinder bleiben Kinder
Werden grösser ziehen weiter

Blut ist ein besonderer Saft
Es fliesst in dir ganz unverdünnt

Kinder bleiben Kinder
Geben weiter das dicke Blut

Älter wirst du ganz allein
Ich bleibe das Wasser im Fluss

René Oberholzer

Michelangelo

Des Davids Statue
Schautest du an
Von allen Seiten

Einige Zeit später
Stand ich nackt vor dir
Du schautest mich an

Von allen Seiten
Mit diesem Blick
Wie damals im Museum

René Oberholzer

Verbindung

Der Tisch
Mein Rückzugsort
Bei Regenwetter

Der Tisch
Meine Stütze
Für einsame Tage

Der Tisch
Meine Verbindung
Zum Universum

Manchmal sitze ich
Auf dem Stuhl
Meiner verstorbenen Frau

Manchmal streiche ich
Mit den Händen
Über die Tischplatte

Manchmal wird es
Unter meinen Fingern
Wohlig warm

René Oberholzer

Blinde Kuh

Durch einen stockdunklen Korridor
Führten sie uns an Tisch 5

Von allen Seiten ertönten Stimmen
Wir sassen uns gegenüber

Ich hielt ihre kalten Hände
Zur Vorspeise wurde Suppe serviert

Auf einmal spürte ich eine Hand
Meinen Rücken hinunterstreichen

Es war eine warme Hand
Deren Gesicht ich nicht kannte

Meine Frau war gesprächig
Und nach der Suppe sehr hungrig

Der Hauptgang wurde serviert
Die Hand von links verschwand

Wir begannen zu essen
Ich wurde immer schweigsamer

Es folgte der Nachtisch
Meine Frau war begeistert

Irgendwann standen wir auf
Gingen durch den dunklen Korridor

Wieder im Licht sagte meine Frau
Was für eine neue Erfahrung

Ich bejahte zufrieden und dachte
Noch lange an die fremde Hand

René Oberholzer

Schreibtischtäter

Auf diesem Tisch
Die Kriegserklärung
Unterschrieben

Auf diesem Tisch
Die Kapitulation
Unterschrieben

Auf diesem Tisch
Den Frieden
Unterschrieben

Und im Exil
Einen neuen Tisch
Zum Schreiben gefunden

Zoe Fornoff

Ringe, gleichschenklig

Zu dritt standen sie
im Raum: die Kindin
des Einst, die Frau
gelehnt ans Jetzt,
eine Alte des Morgen

Der gewiesene Weg
war so in Eins gefallen
einander betrachtend
sechs Hände vergriffen
was doch immer schon

Ein Unglück verhieß
ein Unglück so weich,
So zart und klingend
das die Kindin trug zu
der Alten und das sich
allen Wegen einbrannte

Zum Himmel, unentrinnbar
entwölkt, blickt die Frau hinab,
ihre Ringe duldsam zu zählen,
sieht erst die goldenen, darauf
die silbernen, verblichenen
und zählt, federnd, leicht, immer

Fort die Körper, ihre Stimmen
verfangen in Haaren und Häuten
sie blieben und blieben immer
anders in jedem Ring versetzt
gleich Schmuck: das eine Leben
Legiert zum Mädchen, zu den Frauen

Durch sie und sie durch es so wandernd,
Im Dreieck ihres Blicks, gleichschenklig,
auf immer bannend eingefasst, ersteht
das Sein, dumpf funkelnd, schattig
glühend, in erlöschenden, verzerrten Formen
Die so täuschend echt das Feuer vergolden

Zoe Fornoff

Ehekosmos

Du gabst mir Fragen auf
meine Antworten mit dem
Ja zu allem ging die Sonne
Auf und zugleich unter

Die Tür fiel zu. Kein
Morgen mehr ohne dich
Kein Kuss fern von deinem

Mund keine Nacht je

Allein, so sollte es
beschlossen sein. Lass
Uns erjagen, was wir lieben
Bis es keine eigene Freiheit

Mehr kennt, sie gar nicht
Weiter wollen kann. Dieses
Winzige Wir ist unser neuer
Horizont, dessen Sonne an

Beringten Händen erstrahlt
Gegen Leben, dass nicht gehen
Kann oder fliehen, wohin Wind
und leises Wehen es berufen

Blütenhafte Freiheit, die wir eilig
Zum Trocknen pressten zwischen
Dokumente, in alles verschlingende
Paragrafen, sie schluckten auch jene

Die es nie wollten, denn das
Wir besänftigt die Achsen von
Zeit und Raum, allein bleibt lediglich
ein Pirat von Planet, gesetzlos vorbei

An Sonne, Mond und Bahn.
So lass uns immer im Kreis
Laufen, zum endlosen Versiegen
Im Kosmos des Omegapunkts

Der die Zeit beendete zu Ewigkeit, der
den Raum auf seinen Platz verweist,
Zielloses Symbol der Unendlichkeit,
Ein Wir und Hier in Allgegenwärtigkeit

Zoe Fornoff

Grammatik der Liebe

Vor der Kirche standest du
Eine Freundin hatte den Kontakt
Hergestellt, am Bahnhof sei ein
Mädchen gestrandet, über Frankfurt
Aus Kiew, sie hat kein Bett, erst was
Ab Mai, und es ist Februar

Ich behalte für mich, dass ich
Auch nicht weiß, wohin meine Reise
Gerade geht, gerade geht sie
Jedenfalls nicht, aber ein Zimmer
Kann ich aufgeben für eine Weile
Leichter als meine Gewohnheiten

Nachrichten jetzt Tag und Nacht.
Dagegen Dascha, mit ihren Locken,
Ihrer Wollmütze, so jung, so
unerträglich schutzlos wie wir
Alle, nur sichtbarer, allein wie ich
Seit Jahren, mit mehr Kraft versehen

Mit weniger Widerstand im
Vergleich, und so absurd wie es
Erscheinen muss, vergleiche ich
Kam hier vor Jahrzehnten an, am
Bahnhof Friedrichstraße, mit
Meiner Oma, ohne ein Wort

Deutsch, dass Dasha schon ein
Wenig beherrscht, doch wir
sollten üben, jeden Abend nach
Dem Essen, das nur selten so gut
War wie daheim und statt nur
Zu sprechen, erzählen wir uns alles

Voneinander, bis wir keine Worte
Und keine Geheimnisse mehr
Haben sollten voreinander, bis
Das Band hielt wie gute Grammatik,
es mir das Herz brechen sollte als
Der Mai kommt und sie auszieht

Imagine: ein völlig fremder Mensch
Zieht bei dir ein, ohne Vorankündigung,
Ein Mensch angespült von den neuen
Kriegen, an deinen Tisch, in deinen
Raum, in dein Leben, er sieht dich,
Entdeckt alles von dir, deine Unordnung,

Deine Musik und dein Morgengesicht, dein
Versagen, deine Lieben, die verlogenen
Legenden deiner Generation, nichts kannst
Du verstecken vor diesem Fremden wie
Du es vor allen anderen so gut beherrscht
Und er fragt, dieser Mensch, weiß nicht

und versteht. Und du kramst es wieder
hervor, das lang verstaute Vertrauen.
Die Frauen und Kinder am Bahnhof,
als wäre der Bildschirm aufgerissen,
die lodernden Nachrichten auf

Deiner Couch gelandet. Es gibt jetzt
kein zurück für dich, keine Zeit ohne
Dascha, keine Zeit des Friedens,
Kein Leben ohne Kiew und keinen
Traum ohne Bomben und Liebe.

Frank Joussen

Der Drache unserer Gegend

Schaufelradbagger – du
Monster von einem Wort,
du Monster von einer Maschine.
Lang bevor du kamst,
brachte die Antizipation deines Atems
den sozialen Tod in unsere Dörfer,
und dein unersättlicher Schlund
schlürft die Wasserreservoirs
der ganzen Gegend aus.

Deine Neffen fressen solide Häuser
zum Frühstück,
deine Nichten saufen taubenetzten Rasen
zum Dessert.
Du selbst verschlingst fruchtbare Felder,
ganze Landschaften.
Du nagst an den Knochen
unserer Ahnen,
saugst unserer Kultur
das Mark aus.

Deine Klauen, die uns
bei unserer Gier packen
und den Bedarf
unserer eigenen Selbstzerstörung faken,
sind unsere eigene Erfindung.

Schaufelradbagger – du,
Monster von einer Maschine,
Monster unserer eigenen Gehirne,
ein Drache unserer modernen Zeit,
Ausgeburt einer selbstgemachten Hölle,
kriechst langsamer als ein Tausendfüßler,
wirfst aber schnell wachsende Schatten
auf die Generationen der Entwurzelten.

Alexander Walther

Hymne für Goethe

Türkisblaues Flimmern
Im persischen Halbmond
Dämonische Tänze
Im Tal der Sterne

Und das Singen des Windes
In den grünen Wasserfällen
Des türkisblauen Halbmonds
Im meerdunklen Flimmern

Im Tal der Sterne
Unheimliche Tänze
Im persischen Halbmond
Bewegtes Flüstern

Und das Singen der Sterne
Im Rauschen des Waldes
In den blauen Wasserfällen
Des dunklen Halbmonds

Türkisblasses Flackern
Leuchtender Flammen
In den purpurnen Wasserfällen
Im Tal der Sterne

Und grünes Leuchten
Im Rauschen der Wüste
Türkisblaues Flackern
Im persischen Halbmond

Smaragdgrünes Leuchten
Blitzendes Flimmern
In den roten Sternen
Des west-östlichen Divans

Und in sphärenhaften Höhen
Nicht nur das Ewig-Weibliche
In den Rubinen des Pfauenthrons
Spiegeln sich Chimären

Alexander Walther

Im Traumland

> *in memoriam Else Lasker-Schüler*

Inmitten nächtlicher Schatten,
Wo Sterne wie Tränen glitzern,
Wandern Seelen durch Landschaften,
Die in Sphären glühen.

Die Bäume flüstern alte Lieder,
Ihre Blätter tanzen im Wind,
Und der Mond, ein stiller Zeuge,
Erzählt von verlorener Liebe.

Süße Melancholie,
Die mich umfängt,
Ein sanfter Kuss der Ewigkeit,
Der niemals vergeht.

Alexander Walther

Hermann Hesses Geist

Im sanften Licht der frühen Morgenstunden
Die Welt erwacht in stillen, zarten Runden.
Ein Flüstern wehet durch die Bäume,
Leis' und sanft erglüh'n die Räume.

Es kündet von der neuen Tagewacht, weckt Träume.
Die blauen Blumen neigen sich dem Licht entgegen,
Als wollten sie sich in die Sonne legen.
Der hohe Himmel malt ein Bild in Lilablau und Gold.

So friedlich, weit und endlich voll.
Ein heller Bach, er murmelt Lieder, alt und weise.
Erzählt Geschichten auf die eigne Weise.
Die Vögel stimmen ein, ein großer Chor.

Ihr Klang, er trägt die Seele himmelwärts empor.
So wandl', Mädchen, durch des Lebens Gärten,
willst achtsam sein, willst Lebensweisheit hier erhärten.
Und Hesses Geist, er lebt in Vers und Raum.

Er führt uns durch
Den großen Traum
Durch Raum und stille Zeit
So ganz allein und weit.

Alexander Walther

George in Versen

im dämmerlicht so zart und fein,
erscheint das lila, edler schein
es flüchtet leise in der nacht,
hat träume sacht zu uns gebracht

ein mantel aus der dämmerung
mit sehnsucht und mit liebeszwang
es webt sich durch des tages ast
bis es die ganze welt umfasst

die königin der abendstund',
mit ihrem tiefen, warmen grund
sie trägt die last der ewigkeit
in ihrer stillen herrlichkeit

so wie george in versen sprach
von schönheit und des lebens sach',
so macht das lila, still und klar,
ein bild von dem, was ewig war

Im Dämmerlicht

Im lila Dämmerlicht, das sanft die Erde küsst,
Wo Stille herrscht und Zeit sich selbst vergisst.
Da flüstert Wind durch Wipfel zart und rein,
Trägt lila Träume fort und lässt uns einsam sein.

Die Sterne funkeln, wandern über Nacht,
Ihr Silberlicht hat manchen Traum entfacht.
Der Mond, er weckt in seiner stillen Bahn,
Sein Schein durchbohrt die Dunkelheit sodann.

Ein Liebeswort, so leise ausgesprochen,
Hat schon des Herzens Eis zum Schmelzen brochen.
Die Sehnsucht wächst, sie zieht uns in ihr Spiel,
Verwebt die lila Schicksalsfäden gar so viel.

So sagt die Nacht in alter Weise,
voll Melancholie und stiller Reise.
Paul Heyse's Geist, in reinen Versen zart und klar,
Berührt das Herz, so nah und doch so wunderbar.

Alexander Walther

Beim Anblick des Bayreuter Festspielhauses

In düstrer Tiefe, Gedanken schwer,
Sinnt Schopenhauer, der Weise, sehr.
Vom Willen spielt er, scheu und wild,
Der Mensch ein Spielball, gar nicht mild.

Die Welt als Wille und Vorstellung
Ein ewiger Kreislauf, ohne Lohn,
Doch in der Kunst, im stillen Sein,
Findet der Geist den Frieden rein.

Alexander Walther

Im sanften Schein

Im sanften Schein des blauen Mondes liegt die Welt,
Ein stiller See, der in der Nacht erwacht.
Die Sterne funkeln, während Stille zählt.
Die Zeit steht still, und alles wird bedacht.

Die lila Blumen neigen sich dem Traum entgegen,
Im Windeshauch, der leise Lieder singt.
Die dunklen Schatten tanzen, zart auf allen Wegen,
Wo Rilkes Wort zum Herzen leis' erklingt.

So flüstert Nacht, was Tag zu laut verkündet,
In Versen, die das Sehnen sanft umhüllt.
Die Seele, die in dunkle Stunden mündet,
Wird durch die Poesie mit leisem Licht erfüllt.

Gedanken schwach, frei von jeder Last,
Im Reigen mit der Sternen-Nacht, die Ruhe fasst.
Ein Donnerhall von ferne
Erfüllt die blitzend-funkelnden Sterne.

Kristin Ertmer

La le lu für Schlaflose

La le lu
Alle schlafen außer du
Aus Mücken werden Elefanten
Trööten immerzu.

La le lu
Die grauen Wolken nehmen zu
Das Gedankenkarussell fährt immer weiter
kommt nie zur Ruh´.

Sandmann-Sand bleibt für dich aus
deine Augen bleiben auf
Du kannst nicht Träumen
Sorgst´ dich zu Hauf.

La le lu
Alle schlafen außer du
Aus Mücken werden Elefanten
Trööten immerzu.

Sind all die Sterne
am Himmel erwacht
dann ging´st du so gerne
zur guten Nacht.

La le lu
Nur der Mann im Schrank schaut zu
wenn du wälzt dich in den Kissen
Findst´ keine Ruh.

Hannelore Furch

Alltagskrieg

Nicht nur in der Kneipe
ärgern mich die Leute
mit ihrem eigenen Kopf,
zu Hause macht der Computer
aus meinen Buchstaben
Striche und Rauten,
als ob er mit in der Kneipe war.

Dann rächt sich auch noch
der tote Ochse
für sein missbrauchtes Leben,
an seinem zähen Fleisch
beiße ich mir die Zähne aus.

Die Myrte auf der Fensterbank
verschmäht den Abendtrunk
und spießt mir ihre trockenen
kleinen spitzen Lanzen entgegen.

Was soll dieser Alltagskrieg!
Zum Frieden bereit
schaue ich hinaus in den Garten.

Er zeigt mir einen Vogel.

Hannelore Furch

Göttliche Antwort

Einmal,
als die Gänse dienert
um mich herumwatschelten,
die Ziegen mir
ein Lied meckerten,
die Bienen mir
Honig ums Maul schmierten,
streckte ich die Nase hoch
und dankte Gott im Himmel.
Der schmückte mir
daraufhin den Weg
mit einer Bananenschale.

Hannelore Furch

Ein Schafgedicht

Ich sah in Himmelsweiten
die Schäfchen mit den Quasten,
ein Schaf ganz ohne Schleifen
zog einsam hin am Rand,
es hat ein Schafgericht
das schlichte Schaf verbannt.

Und meine Schattenseiten?
Mich sorgsam abzutasten,
im Spiegel mich zu streifen,
vermiss' ich Glanz und Band
und seh' im Blinzellicht
das Schaf vom Himmelsrand.

Hannelore Furch

Ein Spinnengedicht

Im Spinnenreigen der Spinnenzeit
beginnt ein neues Spinnen,
vom Garn der Tücke liegt viel bereit,
der Faden klebt von innen.

Im Netz verfangen verdamme ich
die engen Spinnenweben,
die andern Spinnen versammeln sich,
mich fester einzukleben.

Ich rette mich aus den Weben heut',
doch alle andern Spinnen
verspinnen mich in ihr Netz erneut,
so sitz' ich wieder drinnen

und lebe, wie ich nicht leben wollt',
„mein Gott, ihr bösen Spinnen!"
Gott hört sich nennen und spricht: „Ich sollt'
die Schöpfung neu beginnen,

nach Fehlgriffen bin ich gern bereit,
was and'res zu ersinnen,
ich träumte schon von der neuen Zeit,
es gab dort keine Spinnen."

Martin Görg

Spiekeroog

Ein Fährschiff,
wie alle Fährschiffe der Welt.
Die Häuser sind anders.
Was ganz anderes ist das Meer,
in der Dimension schon.
Es ist laut.
Es überschlägt sich,
wo es aufhören muss.

Wir beide studieren Theologie
in Bethel.
Es ist Ende Juli.
Morgen soll es heiß werden.
Mit dem Wind
kennen sich die Möwen aus.
Es ist ihre Insel.
Sonst ist nichts zu sagen.
Das bleibt so.
Das ändert sich so schnell nicht.

Vor dem Zelt liegen.
Es liegt am Himmel.

Die Feriengäste
wissen etwas mit sich anzufangen,
gehen die Bohlenwege,
die über Sand führen,
gehen am Strand,
ziehen Bollerwagen,
sitzen in Cafes an Tischen
zwischen Heckenrosen,
schenken sich Tee ein.

Immer ist Möwenwind.
Manchmal sind die Wellen dunkler.
Die Strandkörbe
erklären sich selbst.
Ob wir uns einen leisten?
Zwischen Sand und Angespültem
auf Muschelsuche.
Morgen soll es heiß werden.
Das Meer ist immer alleine
und gefährlich tief.

Du bist praktisch von hier
und Studentin aus Oldenburg.
Mit der Fähre
und ablaufendem Wasser
kennst du dich aus.
Es ist deine Insel.
Tee mit Kluntjes
haben wir schon getrunken.
Die Sahne nicht umrühren!

Es ist heiß.
Badesachen noch mitnehmen!
Meer, Strand und Himmel
gestalten den Tag.
Ein großes Blau,
ein lautes Kippen weißer Kronen.
Versuche,
ein Tau aus der Brandung
zu ziehen,
das viel zu schwer ist.

Zusammen im Strandkorb
den Möwen zuhören,
den Badenden,
der Brandung.

Martin Görg

Die Ankunft

Ich konnte es kaum glauben.
Diese sonnige Heiterkeit
des runden, schweren Tisches,
der alten Schubladenkommode,
des Sofas,
als begrüßten sie mich.
Sogar der Wasserhahn im Bad
glänzte silbern.
Dabei hatte ich noch nichts gesagt.
Großmama
war auf dem Weg zur Küche.
Noch nicht einmal Zeit
hatte sie gefunden, anzukommen,
nach der langen Zugfahrt mit mir
über Boppard nach Simmern.
Schon öffnete ich
vorsichtig die Balkontür.
Es war März im Garten,
Schneeglöckchen blühten.
Sonst hatte sich nichts geändert.

Martin Görg

Alles stimmt

Dann nenn ich den Namen Pfannstiel.
Das wäre nicht nötig,
aber weil alles stimmt, auch noch dies.

Die Treppe, eine Holztreppe, hochgehen,
es stimmt alles, der Zigarettenduft,
die Ofenwärme, das Teller-auf-den-Tisch-
stellen.

Die Treppe hoch, oben sind meine Brüder,
vier Brüder, wo meine Eltern sind,
weiß ich nicht.

Alles stimmt, Schnee liegt, das Auto zuge-
schneit vor dem Darmstädter Hof, der Blick
zurück zur schönen Holztür, die aufgeht,
ein Gast kommt herein.

Das Wetter stimmt, die Schule stimmt, das
heißt, dass Ferien sind und das bedeutet:
Ruhe haben.

Die Treppe knarrt, sich oben kurz auf dem
Bett ausruhen, bevor es losgeht.

Weil alles weiß sein wird, mehr oder weniger,
weil die Wege gegangen sind, weil nichts
zu tun ist, außer die Ski auf dem Dachge-
päckträger zu befestigen.

Hoch aufgetürmt an den Straßenseiten ist
der Schnee. Ulrichstein hat sich einschneien lassen.
Was solls. Anders geht es nicht.

Wieder unten vor dem Auto, das heißt,
ich bin die knarrende Holztreppe runterge-
gangen, ohne darauf zu achten.

Martin Görg

Müritzsee

Das gleiche Blau,
der Wolkenhimmel
über dem Müritzsee,
der Wolkenhimmel
über dem Lake Temagami,
die Vase aus Glas
in der Diele in Lichterfelde,
deine Jeans mit weißen Fransen.

Der Müritzsee überzeugt uns.
Alte, große Birken am Ufer gegenüber.
Was für eine Stille.
Keine Flugzeuge sind zu hören,
nur die Gespräche der Rohrdommeln.

Siehst du
das Kaninchen am Ufer gegenüber?
Was ich nicht sehe, siehst du:
Es hoppelt am Strand.
Es fühlt sich unbeobachtet.

Eibe dem Wind,
du stehst auf dem Anlegesteg.
Das gleiche Blau,
der Wolkenhimmel über dem See,
deine Jeans mit weißen Fransen,
der Wind.

Es ist zum Weinen.
Wie damals steigst du ins Kanu,
alleine,
willst für dich sein,
willst zurückkommen,
wie damals,
als Rotkiefern
sich im Lake Temagami spiegelten.

Willst zurückkommen,
kommst zurück,
vor dir die Stille, das Kanu, der Steg.

Gestern der Wolkenhimmel,
deine Jeans mit Fransen.
Heute Regen auf dem See.
Du, Eibe dem Wind,
im Regenwind, vorne im Kanu,
paddelst links, ich rechts.
Starker Regen auf dem Wasser.
Gleichzeitig paddeln.
Was für eine Stille.

Wir kommen miteinander klar,
du mit dem Wind,
ich mit dem Kanu,
gemeinsam mit den Wellen.
So groß ist der Lake Temagami
wie Erinnerungen,
wie großer, kalter Regen.

Ruhig gleiten wir auf dem Wasser.
Wie eben es ist.
Wie damals, als sich Rotkiefern
im Wasser spiegelten.
Es ist wie damals, als wir anlegen.

Martin Görg

Der Adventskranz

Zuvor zurechtgeschnitten
mit der Rosenschere,
binde ich,
fest an fest,
zwei, drei Fichtenzweige
auf den alten Holzwollring,
binde sie
mit langem, dünnem Blumendraht,
dicht an dicht,
wie meine Mutter,
dicht an dicht,
sie gebunden hat,
lege wieder
zwei, drei Fichtenzweige,
Duft an Duft,
grün an grün,
fest an fest,
wie meine Mutter sie gelegt,
lege ich sie auch
und binde sie
mit langem, dünnen Blumendraht,
zwei, drei Nadelzweige,
Spitz an Spitz,
Zweig an Zweig,
zuvor zurechtgeschnitten
mit der Rosenschere
binde ich fest
mit langem, dünnem Blumendraht
auf den alten Holzwollring
zum Kranz,
grün an grün,
wie meine Mutter,
fest an fest,
ihn gebunden hat,
nochmal...

116

... Nochmal.
Ich spiele Flöte
und meine Mutter spielt Klavier.
Wir spielen
eine F-Dur Sonate von Händel.
Nochmal:
Das Allegro, ab Takt 5 auf 4 und.
Es ist Advent ...

... zwei, drei Fichtenzweige,
es sind die letzten,
füge ich noch ein,
wie meine Mutter
sie gebunden hat.
Fertig.
Ein Kranz,
der mir gelungen ist,
rund und grün.
Drei Zweiglein stehen etwas ab.
Vier rote Kerzen steck ich noch auf.
Morgen ist 1. Advent.

Martin Görg

Die Fee mit der Harfe

Wer häkelt sich
des Mondes Nachtgewande
mit der Harfe
unterm Sternenhimmelszelt?

Wer führt das Bächlein durch die Nacht,
reiht Perlen aus Sopran
und tiefen Wasserbässen?

Wer klärt die Nebel,
früh im ersten Morgenlicht?

Sie ist's.
Mit allen Fingern
und mit beiden Daumen
zupft sie die Saiten
wie die Lerchen hoch am Himmel
wie sie steigen leicht empor.

Sie ist's
mit ihren langen, sonnenblonden Haaren,
die in Wiesenwinden wehen
wie Glockenblumen
und der rote Mohn.

Martin Görg

Die Reiterin

Sie stand so da.
Wie sie da so stand.
So steht sie immer,
bevor es losgeht.
Da, neben ihrem Pferd.
Nebeneinander.
Sie kennen sich.
Sie sieht mich.
Ich sehe sie.
Wie sie aufspringt,
so springt sie auf,
immer so,
frei und losreitet,
ihr schwarzer Blick,
ungebundenes, schwarzes Haar,
Jeans,
kariertes Hemd,
Algonkinindianerin eben,
eben aufgesprungen
und los,
eben im Hinterland
verschwunden.
Sie und ihr Pferd,
sie verstehen sich,
jedesmal wieder,
immer,
verlassen sich aufeinander,
reiten zusammen
auf Waldpfaden,
auf Wiesen,
frei,
allein
unter dem weiten Himmel
der blauen Wälder Ottawas.

Martin Görg

Die Amsel

Alles an dir,
heute mal keine Feder im Haar,
aufmerksam.
Amsel der Luft, Eibe dem Wind,
während wir den Morgenpfad entlang
gehen,
hörst du die Amsel.
Sie habe ihren Wald verloren.
Sie freue sich, dich wiederzusehen.
Sie erzählte mir ihre Geschichte,
von ihrer tiefen Trauer,
ihrer Heimatlosigkeit.

Wir sind auf der Suche nach alten Bäumen.
Über nachtträumende Wiesen,
vorbei an Sumpfdotterblumen.

Lange vor Sonnenaufgang:
Der alte, wolkenfaltige Mond,
gleichgültig wie immer,
über den hohen Zedern des Libanon.

Martin Görg

Zitronensand

Weithin liegt das Meer,
staatenlos,
immer auf Muschelsuche.

So ein Blau.
Nurblau.
Nurheiß.
Überalloben.
Die Sonne
lässt Zitronen blühen
und lügt uns beide an.
Dieses linke Gelb.
Ausgezogen,
ohne mir der Wimper zu zucken.
Nur so
zum Dahinliegen,
zum Zitronensand rieseln lassen.
So ein Blau.
Nurblau.
Nurheiß.
Von überalloben
heißen Zitronensand rieseln lassen
auf wer weiß nicht alles.

Vor der grünen Küste
angeln sie nach blauen Wolken.

Martin Görg

Mit euch losziehen

So ein Leben unter freiem Himmel.
Sternenkälte ist unvermeidlich.
Sich gut kennen.
Mal sehen, was der Tag bringt.
Schon den Plan umsetzen.
Warum die Berge anders aussehen,
die Wolken aber wie in Deutschland sind? Linksverkehr.
Mit den Fahrrädern von Jugendherberge
zu Jugendherberge.
Die seltsamen Häuser in Dover.
Die Kreidefelsen.
Der Dieb in der Jugendherberge.
(Erinnert euch: A thief is about us!)
Alles geschenkt.
Alle gemeinsam.
Professoren sind Menschen, die Brille tragen.
Daran hat sich bis heute nichts geändert. Immer links fahren,
immer laufen lassen,
bergauf strampeln.
Da wir beinahe Indianer waren,
hätten wir auch im Freien schlafen können.
Es hätte sich nichts ändern müssen.
So klug wie damals waren wir nie wieder. Wegen der Wolken.
Es ist uns aufgefallen,
dass sie in England denen in Deutschland sehr ähnlich sind.
Auch mit dem Meer war es so,
den Wellen, dem Sand.
Nur sprachen sie alle Englisch.
Mit der Zeit haben wir uns darauf eingestellt.
Was ich eigentlich sagen will,
ist etwas ganz anderes:
Es hat mehr
mit dem Gefälle der Küstenstraße zu tun,
mehr mit den Needles auf der Isle of Wight,
der Kneipe in Goudhurst.

122

Unten Lärm, oben schlafen
und die ganze englische Küste vor dem Fenster,
mit dem Wind vom Atlantik,
der uns einschlafen ließ.
Morgen früh geht es weiter.

Martin Görg

Eibe dem Wind

Amsel der Luft,
Lilie dem Wasser.
Da steht sie im Hof,
eine Amselfeder,
schwarz, im schwarzen Haar.

Sie hatte mich eingeladen.
Hält nicht ein,
als sie mich sieht,
ärmelloses Hemd,
ein rotes Steinchen,
das im Ausschnitt schläft,
kurze Jeans.

Sie gießt von Terracottatopf
zu Terracottatopf
Lilien in Terracottatöpfen.
Alle Lilien weinen Freudentränen.
Alle flirten mit der Sonne,
werden geduscht,
lassen sich duschen.
Orangefarbene Lilien,
keine Orangenbäumchen.

Ein Hengst
trinkt an der Tränke hinter ihr.
So weit, so gut.

Sie könnte ihn am Halfter
über die Plastersteine
des Hofes führen.
Mir ist, als hört' ich Hufe klappern.

Die Kanne
hat sie hingestellt,
ich hab's gehört,
und fragt:
Gefallen sie dir?
sag ich und ob,
sag ich und wie,
sag ich natürlich?

Ich fühle mich
nach Nordamerika versetzt,
als sie mir entgegen geht,
Eibe dem Wind,
Amsel der Luft,
Lilie dem Wasser,
Die durch Orangenhaine geht,
und wir uns die Hand geben.
Absolut unerheblich
ist im Moment ihre Geschichte.
So ist es,
einer Algonkin zu begegnen.

Die Sonne
ist im Westen rot,
im Moment besonders.
Keine Lilien und kein Hengst,
keine Töpfe, keine Eiben,
keine Kanne und kaum Licht.
Nur ein sonnenrotes Steinchen,
das im Ausschnitt schläft.

Martin Görg

Die Kore von Kardamili

Gekleidet nur
mit einer Rose,
mit einer kleinen Rose nur
und Wind,
der immer
vom Taygettos weht.
So steht sie,
blickt aufs Meer.
So steht sie lange schon
und blickt,
als schritte sie
im nächsten Augenblick
von ihrer Plinthe
und bückte sich
und löste noch die kleine Rose
von den Füßen
und ging
für einen Sonnenuntergang
hinunter bis ans Meer.
Es sah so aus,
als wollte sie.
Die kleine Rose aber
ließ sie nicht allein.

Eva Lübbe

Farbenfroher Tag

Lass uns Blau machen und ins Grüne fahren.
Es ist schon herbstlich und der Wald bunt.
Einfach eine Fahrt ins Blaue.
Vorher trinken wir noch einen Braunen.
Du sagst, du bist ein Grüner,
liebst die Natur und bist Pazifist.
Nehmen wir das Fahrrad,
dein blaues Auto oder die Bahn?
Fahren wir Schwarz?
Wo ist das Hemd in deiner Lieblingsfarbe?
Lass uns früh aufstehen und die blaue Stunde nutzen.
Für dich ist alles grau.
du kannst keine Farben mehr empfinden,
seit deinem Unfall.

Eva Lübbe

Fahrräder stehen bereit

Auch Roller
warten auf Kurzentschlossene.

Der neue Service
in manchen Städten
gut angenommen,
in anderen gar nicht.

In Köln
liegen viele Roller
unterirdisch,
begraben im Rhein.

Eva Lübbe

Zeitumstellung

Energieeinsparung findet keine statt.
Umstellungsprobleme bei
Mensch, Tier und der Bahn.
Wir haben es satt.
Wir machen uns das Leben schwer,
zweimal im Jahr.
Warum halten wir daran fest?
Aus Angst zuzugeben,
dass es ein Fehler war?

Nun, endlich beschlossen,
die Zeitumstellung wird abgeschafft.

Aber jetzt das neue Problem:
Welche der beiden Zeiten
behalten wir?
Auch darüber vergehen Jahre.

Eva Lübbe

Heizpilze

Null Grad Celsius.
In den Gaststätten ist es gemütlich warm.
Niemand will im Freien sitzen.
Dennoch heizen
die Heizpilze,
heizen
die Erde.
Heizpilze verbieten,
Tempolimit auf Autobahnen
einführen.
Das könnte man doch wenigstens schaffen.

Marko Ferst

Kurzer Blick: Insel Møn

Kreidefarben stranden die Wellen
vereinzelt rollende Steinfracht
milchgetönt Wasser wie Land
erst weit entfernt türkise Flächen
zum Horizont hin ein
blauschwarzer Strich
große Fährschiffe
gleiten aneinander vorbei
Eisriesen pressten
die Kreide in gewaltige Höhen
gefaltete Gebilde
Ketten von Feuerstein
kodieren die Steilwände
reiche Malgründe
fanden die Künstler vor
hielten fest was die Fluten
stürmischer Ostsee
später verzehrten
Seeigel, Muscheln oder Donnerkeile
steinerne Funde
bei neuen Stürzen

Eine kräftige Brise zuweilen
grüne Grannen
lange Dellen biegen
sich in Gerstenfelder hinein
Landfleck voller
Steinzeitrelikte
Hügel mit granitenem Innern
die Hohlräume der Toten
Schafsrufe
Segler biegen
in Klintholm Havn ein
biblische Geschichten
Kunde von frühen Kalkmalereien

128

in der Kirchenkühle
im Sommerdomizil las Günter Grass
hier dänische Zeitungen
und der Butt sprach zu ihm
wie lange noch
wird der Damm zur Insel Bogø
über Wasser bleiben?

Møn gegenüber Stevens Klint
in der Kreide die Grenzlinie
Impakt der Impakte
dunkle Schicht Fischlehm
mit außerirdischem Iridium
dort auf der Suche gewesen
später nur auf Bildern gefunden
wir inszenieren jetzt
unsere eigenen Ablagerungen
es wird bleiben
was niemand mehr untersucht

Marko Ferst

Haiku

Die Draisine surrt
ginstergelb leuchtet der Tag
Schranken anheben

Marko Ferst

Der Überfall

Vielleicht ein Nie-mehr-wiedersehen
nach der polnischen Paßkontrolle
letzte Küsse, Tränen
Paar um Paar getrennt
die Frauen, die Kinder
vergebliche Blicke ins Gewesene
geflüchtet auf sicheres Terrain
der Mann könnte
bald Alpträume durchziehen
Kiews Vorstädte bereits wie Fackeln
Militärkolonnen im Raubzug
verschlingen Heimstatt um Garten
erschossene Passanten
irren auf Straßenkontinenten
überall der Riß in der Zeit
ausgeblichen ragen Leerstellen zurück
mit Stromstößen foltern sie
Javelin und Stinger treffen
den ungebetenen Besuch
der putinschen Übermacht
in den Rachen schauen

Flucht ins sichere Ungewisse
Notbetten aufgestellt
Bahnhofsgänge wie Sichtleuchten
mit dem Zug der Züge
in unbehaustes Quartier
geöffnete Türen vielerorts
während in der Heimat
sich Schuttplagen ausbreiten
Geschosse das Land verkratern
verglühen die Relikte
so vieler Menschendochte
für geopolitische Phantasmen
aus der Geisterbahn eines Terrorpaten

130

an vielen Orten weltweit
große Demonstrationszüge dagegen
Spenden und Hände
über Grenzen hinweg
Brücken aus gezogenen Güterwaggons
fürs erste hält stand
die blau-gelbe Nation
ob all der schweren Blessuren
Präsident Selensky
sucht keine Mitfahrgelegenheit
viele Kommentatoren blamieren sich
mit einer zu schnell kalkulierten Niederlage
eine orientierungslose Strategin
schickt fünftausend
deutsche Helme

So beginnt die riskante Expedition
in einen langen Feuertunnel
der Rauch thront
über immer neuen Verlusten

Marko Ferst

Wege hinüber

Leichter Küstennebel
weite Wasserflächen
ein Fahrweg führt hinein
Gummistiefel zwecklos
Koppelzäune teilen
untergegangene Wiesenflächen
inmitten Wasservögel
hinter dem Deich
Ostsee bis nach Schweden
nur Fährlinien verbinden

Marko Ferst

Kleinstadt im Erzgebirge

Lang anhaltend schon
drischt aufs Pflaster Regen
bergauf der Dönerladen
gerät zur Zufluchtsstätte
für Unbeschirmte
der Absatz floriert
örtliche Bekannte
plauschen über Alltägliches
schwarze T-Shirts künden
von rechten Landnahmen
einschlägig und divisionenstark
rot-weiße Farbstriemen

Der türkische Dönermann
in demütiger Körpersprache
zu spüren die Angst, die lastet
hinter seinem Gesicht
gebe mich unauffällig
nehme souverän mir Raum
sie können nicht wissen
wer sie gerade beobachtet
und wissen will
wie Nazis so unterwegs sind

Voll sind die Netze
reiche Fanggründe
im Menschenmeer
für AfD-Propagandisten
vielleicht würden
ein paar Bombennächte
im Luftschutzkeller helfen
kriegsverherrlichende Süchte
zu erschüttern?

„Wo die Erzgebirgskrieger kommen
herrscht der Tod"*
dekretiert ihr Provokation
auf das euch die Knie
nicht anfangen zu zittern
wenn der Endsieg
mal wieder in die Hose geht

Erzgebirgische Souvenirs
käuflich für jedermann
im Internet bei „Druck 18"

Guten Morgen
im Staat der Schläfrigen!

* T-Shirt-Aufschrift

Marko Ferst

Haiku

Flugzeuge tönen
der Müggelturm wieder weiß
Bier wird ausgeschenkt

Marko Ferst

Katzenhaiku

Die Katze spaziert
auf dem Dachfirst der Scheune
Sternenlicht silbern

Die Akrobatin
turnt auf dem Weidengeäst
Absturz ins Wasser

Hascht nach dem Geräusch
der Stab über dem Teppich
die Pranke schlägt zu

Aufgeklinkt die Tür
geschlichen in die Stube
gerollt auf der Couch

Fisch auf dem Teller
sieh, auf den Boden geplatscht!
die Katze schmatzt laut

Marko Ferst

Unverortet

Gewiß, ein stilles Gefängnis
die Tage gehen unter
im Stadium des Anderen
eine letzte Balance
mit stark verzerrten Regeln
Wünsche und Küsse
verstellte Horizonte
Landmarken längst entschwunden
die Brandbögen der Schübe
zersetzen jede klare Logik
warten auf die Rückkehr
die Ruhe im Körper, Vernunft
irgendwann wird Meer sein
gibt es noch etwas zu halten?

Marko Ferst

Danach

Aufwachen im Niemandsland
abgeflaut orkanstarke Winde
frische Narben ziehen im Kopf
eine durchscheinende Gestalt
schon nicht mehr hier
und noch nicht ganz verschwunden
unter Abberufenden weilen
im langen Transit
Landschaften bizarr geformt
von Wüstenfrost und Elementen
und kein Rat auf weiter Flur

Marko Ferst

Zivilisation im Spätstadium

Die Wüsten brennen sich
durch die Kontinente
Atem, der nicht mehr ist
heißer und heißer
die großen Stürme spielen auf
solange Füße tragen
drängen Menschenströme
versickern im Sand
der Treibhauszeit

So wie das altägyptische Reich
und die Maya untergingen
in Klimakapriolen
gefertigt von Mutter Natur
begleitet durch eigene Fehlstände
wird bald die Luft glühen
für die ganze Zivilisation
bereitet aus dem Tagwerk
unserer faustischen Turmbauten

Völkerwanderungen
die Steppen ziehen in Europa ein
Australien verglüht
Sibirien firmiert chinesisch
Tornados zerpflügen die Häuser
jeder Paß wird unnütz sein
Europa kann so wenig standhalten
wie einst das römische Imperium
das Mittelmeer
schon heute tödliche Arme
Vorspiel kommender
Massenfluchten

Die Winde und Wetter
spielen nach neuen Zufällen
all die Kippunkte
liefern unerwartete Lagen
die abschätzen könnte nur einer
der aus der Zukunft kommt
restlos ausgeräumt werden
die karg gewordenen Gärten
alle die Grundrisse
des einstigen Super-Parasiten

Wohin wird es
menschlichen Geist verschlagen
wenn die natürlichen Gaben
immer knapper werden
und Wachstumszahlen
als überholte Religion gelten
die Ziele der lebenden Generation
zum Alptraum
der kommenden werden
noch von den Resten
werden wir bauen
bis sich alles verliert
wenn aus dem Wandel
der fatale Umbruch wird.

Schädel, Blut und Knochen
zeugen von Schnitten und Schlägen
nicht nur in altägyptischen Bodenschichten
überall brechen die Fugen
die vielen Dämme
halten nicht mehr ab
wie schnell wird
der Bestialismus triumphieren?

Auf welche Evolution
könnte Gesellschaft
noch setzen?
wie mutiert jene Hydra

der kapitalistische Sog?
welche revolutionären Sprünge
sichern Momente für eine
rettende Wandlung?
wo liegen die Grenzen
technischer Hybris
und seien es
die Sonnengötter aus Silizium?

Niemand weiß,
ob es die Nordzonen geben wird
jene Restbestände
an Sibiriens und Kanadas Küsten
oder kühle, fruchtbare Hochebenen
neues Siedlungsland
Graskampen-Hütten – unterirdisch
wie Alexandrias Leuchtturm
in Meerfluten versank
wird es in allen Formen
bald auch den Monumenten
unserer Epoche beschieden sein

Nur Archäologen
von einem erdähnlichen Planeten
könnten reiche Funde quittieren

Marko Ferst

Dünne Landzunge

Gespannt
über die ganze Meeresbucht
eine Lichtbrücke
heller Spiegelmond
von Hel nach Sopot
urplötzlich erlischt sie
Wolkenbänder
künden von
Regenzeichen

Auf läuft
weißer Küstenschaum
himmelwärts züngelt
kiefernschwarz
windgeschützt
am alten Bunker
Feuerscheite
umringt von jungen Leuten
Nachtzüge poltern
wie Geister
ans Landsende

Ein dünnes Nadelöhr
liefert Surfer und Schwimmer
Motorflieger verknattern
den Himmel
Starten und Landen
auf kurzer Piste
Campingwagen
dicht an dicht
fast wie gestapelt
Soldaten
militärische Relikte
tanzende Bäume
Umtrunk beim Sturm

Einst Inseln
Dünenzüge
anlandender Sand
im Schliff
von Meer und Wind
Durchbrüche sind datiert
34 Kilometer Landsteg
mit verdicktem Ende
untergegangenes Wiesenland

Ein roter Lichtturm
bietet Rundumblick
Kegelrobben
aus der Zuchtstation
im slovinzischen Nationalpark
ausgewildert
Köpfe tauchen
aus den Wellenlinien
immer mal wieder
ziehen Fischernetze
falschen Fang

Marko Ferst

Haiku

Die Kühe baden
mit dem Boot Abstand halten
noch glasklar der Fluß

Marko Ferst

Fahrradtour

Schilf durchkämmt
den Nebel
Wolkenszenerien
betäuben
die weihnachtliche Stille
nur ganz kurz
über die Mittagsstunde
bricht Sonnenhelle
über Seenlandschaften
später entferntes Geläut
in Serwest

Einst Gletscherzunge
schmale Pflasterstraßen
über Hügelketten
Birkenstücke
auf nassem Grund
hinunter bergab
kein Frost
altes Herbstlaub
droht das Rad
ins Schlingern zu bringen
das Moor flüstert
in seiner Tonart
Plagefenn
Schwäne gleiten dahin
inmitten das Forsthaus
wo Wege sich kreuzen

Feiertags gibt es
keine Biomilch im
Ökoladen Brodowin
steile Grünmauern
halten den Kanal
hoch oben eingebettet.

zwischen Bäumen
verblichenes Ziegelgestein
Fensterhöhlen
im Grumsin
bewegte Wildschweinrücken
hinter kahlem Geäst
sie entpuppen sich als
Mäntel im Wind

Aufragende Baumstümpfe
im Abendwasser
orange Tupfer
in einem Wolkenriß
heilig der See
im Namen
aus dem Wald
von weitem zu erspähen
ein Eintrittsportal
ins Kloster Chorin
Mönchskutten entschwunden

Marko Ferst

Haiku

Von Gelb übersät
Butterblumenschnee leuchtet
heute wird gemäht

Kathleen Scholz

das billigste loch

unter arktischem eis
treiben geisternetze ihr unwesen
wegwerfprodukte
legen weite wege zurück
bevor sie auf spitzbergen
zu müllbergen werden
gern glauben wir das
grüne geschummel
der großen giganten
es beruhigt unser
gewissen
während wir weiter
shoppen, schlemmen, streiten
den richtigen zeitpunkt
verschlafen
uns zu besinnen
zusammen für einen
klugen kreislauf zu kämpfen
bei dem nicht nur
kapitäne profitieren
sondern auch die mannschaft
und müll nicht mehr
im billigsten loch landet

Kathleen Scholz

Hinter der Mauer

Zementierte Mauern des Zentralkomitees zerbröseln
auf den Stufen des Erwachsenwerdens.
Ausgetretene Absatzschuhe irren
durch verrauchte Asphaltschluchten.
Durch die Adern pulsiert
berauschendes Nachtleben.
Verwandte Seelen tanzen
mit verpassen Gelegenheiten
Arm in Arm.
Sehnsuchtsvolle Augen wandern
durch neonfarbenen Nebel,
auf der Suche nach dem Einen,
der die Schatten von der Seele küsst,
auf der Suche nach Antworten,
zu Fragen die nie gestellt wurden,
auf der Suche nach der Zukunft,
hinter der Mauer,
auf der Suche nach dem Sinn.

Kathleen Scholz

einskommafünf

mit braunen scheuklappen
passend zum kleinkarierten hemd
ist man gut angezogen
im betongrünen garten
hinter dem einsichtschutzzaun
bloß nicht den eigenen
wohlstandsblickwinkel verschieben
um einskommafünf grad

unsere welt sie wächst
über sich hinaus
pausenlos grenzenlos endlos
gier ist endlich
was wird bleiben
wenn wir gehen
im ungeborenen morgen

Kathleen Scholz

Keine Zeit

Keine Zeit
durch die Stadt
zu hetzen

Keine Zeit
für coffee to go

Keine Zeit
für Fast Fashion

Keine Zeit
ins Hamsterrad
zu steigen

Keine Zeit
für nonstop News

Ich möchte
schließlich nicht
das Wichtigste verpassen:
DIESEN MOMENT

Kathleen Scholz

Sommerabschiedswehmut

Wenn draußen
Herbstgesellen streiten,
unbändig Blätter mit sich reißen,
in Feldern, Wäldern, Parks,
und die Zeit aus schweren,
grauen Wolken tropft,
möcht ich auf
regennassen Wegen gehen,
die letzten Farben aufsammeln,
für mein Frühdunkelzuhaus,
am knackenden Kamin,
den Blick nach innen richten.
Gehüllt in wärmende Geborgenheit
sende ich eine Nachricht
an mein Herbstgemüt:
Es ist nicht gut,
es ist nicht schlecht,
es ist Zeit zum Träumen.

Ingeborg Henrichs

kleine Welt

oben auf dem alten Küchenbüffet
in der Wohnküche
Hansis Vogelkäfig
so frei erschallt sein Gesang
unerschrocken unbezähmbar
hinaus durch alle Stäbe
vermischt sich mit den Düften
von Großmutters Mittagsmahl
Pfeife rauchend bei einem Wacholderschnaps
vor der täglichen Ruhepause
auf der gemütlichen Chaiselongue
sitzt Großvater
lächelt still und zufrieden
geöffnet sich die Fenster hinaus
aus dieser kleinen Welt

Torsten Krippner

Abschied

Damals jagte ich jauchzend
Um Großvaters Beine in
Großmutters werfende Arme
Helles Lachen
Wann war ich so im Reinen?

Wer steht da ohne Mund
An der Schwelle?
Dimmt das Licht verdunkelt das Lachen
Vorbei über knarrende Dielen
An verblassenden Fotographien

Die Großeltern
Ihre Körper blieben zurück
Die Unrast hat sie verlassen
Unglück Leiden Kämpfen
Tote Muskeln ihre Herzen

Der fremde Zerstörer
Blutraubende Zeit
Verzehrt ebenso wie
Leidenschaft und Schuld

Sein Rücken im Fensterkreuz
Zerteilt die hohe Wiese vorm Haus
Hinter ihm verwischt die Spur
Richten sich die Halme wieder auf.

Daniel Mylow

pappelschatten

ein baum verwandelt
in ein stück
musik pappelschatten
ein gewebe
aus schlangen & licht
psychedelisch gechillt
&
akustisch vergurgelt:
hochnothymnische soundscapes
violetter pappelschatten
in meinem weinenden ohr
aber die leute
die leute gehen vorüber
sehen nichts
als graue winter-
bäume & mich
verwandelt & destilliert
in ein stück
baum

Daniel Mylow

fenster

was ich mag: bei regen
den kopf
an das busfenster
zu lehnen dann wird
meine haut
schwimmhaut das land
dringt in mich
wie licht zeile um zeile
zischender schaum
am fensterglas kobaltblau
zusammengefügte splitter
eines kindheitmorgens
hinter schulbusglas
schwimmen wir in lichter
die leuchten die dunkelheit
in uns
größer & größer

Christian Schwetz

Verschobene Heimat

Die Apfelparade marschiert im Gleichschritt.
Der Abfall ist überall gleich.
Wir sind alle anders, aber wir sind wir.
Die anderen sind ein Topf, ein Kümmelsuppeneinheitstopf.
Die Apfelparade fällt nicht weit vom Stamm.
Wir stammen alle vom schönen Tal,
vom braunen, sonnigen Nandertal.
Die anderen sind alle gleich,
alle aus Afrika, Afrika, pfui, pfui pfui.

Die Apfelparade marschiert voll Stolz
der Sonne entgegen, der Sonne davon.
Gelogene Sonne, gefallene Sonne,
Katzenmond, Hundemond, sie essen unsere Äpfel.
Die Apfelparade jagt den Sonnendieb,
Hundedieb, Katzendieb,
von Springfield ins Neandertal,
vom Nandertal nach Springfield zurück.
Die anderen sind alle gleich,
alle aus Afrika, diese Homos, pfui pfui pfui.

Die Apfelparade marschiert voll Wut,
nur Wutbürger sind Gutbürger,
nur Wutmenschen sind Gutmenschen.
Im Nandertal gibt es kein links und rechts,
nur gefallene Sonnen und Hunde und Katzen.
Die Apfelparade singt beschwingt,
was rechts ist, so singen sie, besingen wir.
Sie sind nicht rechts, so singen sie,
sie sind der Apfel, und die Sonn ist der Stamm.
Sie sind im Gleichschritt verschieden und denken quer,
nur Schelme denken an Strick und Gewehr.
Die Einheitsparteien sind alle gleich,
alle aus Afrika, pfui, pfui pfui,
nicht aus dem schönen Nandertal.

Die Apfelparade marschiert alles platt,
marschiert alle Ecken und Kanten glatt,
zurück in die Zukunft, heim ins Reich.
Kometen steigen auf und Sonnen versinken
und neue erstrahlen und kreischen und schrein.
Die Äpfel wollen kein Abfall sein,
sie fallen nicht ab vom Neandertal,
nur die anderen, die anderen, sind alle gleich.
Alle aus Afrika, diese Homos, geh wui, geh pfui.

Die Apfelparade marschiert mit lautem Schritt.
Marschieren bald die christlichen Nixen mit?
Von Springfield ins Neandertal,
vom Nandertal nach Springfield zurück,
mit Wodkamond und Whiskysternen.
Weil jeder Apfel ist anders,
nur alle anderen sind gleich,
diese Kirschen, Banane, Birnen und Zwetschgen.
Die Apfelparade drängt sie zurück in den See,
den Attersee, ins Verbrennungsmotorenfegefeuer
Weil im Anfang war das Neandertal,
und aus dem Wort sind Äpfel geworden,
und fallen vom Stamm
und fallen
und fallen

Helga Loddeke

Achterbahn

es gibt Leute,
die liegen soweit
hinten im Rennen,
das sie glauben,
dass sie führen.

Im Jahr 2023
lebten 473 Millionen Kinder
in Konfliktgebieten
doppelt so viele,
wie noch vor 30 Jahren,
wie die Organisation
Save the Children
berichtet.

Auch seien sie dort
immer mehr schweren
Verbrechen ausgesetzt.

Verständnis schafft Liebe.
Liebe schafft Geduld.

Helga Loddeke

Washshop

Glücklich
macht
mich
das
beidhändige
Trommeln

des
strahlenden
syrischen
Abschlauchers

zur Weiterfahrt

an die Volvoscheibe

im Auto Washshop
five Stars

Glück
für ein Euro
Trinkgeld

Helga Loddeke

Gaza

Tatendrang

der Tee
schmeckt
bitter

Wie das Leben

oder liegt
es am Ingwer?

Einsicht?

Essen wird als
Kriegsführung Israels
eingesetzt

Hilfskonvois ziehen
mit Hilfsgütern in Gaza
wieder ab

denn Mitarbeiter,
die Essen ausgeben,
werden getötet

Helga Loddeke

Drüben

Vor 35 Jahren
Öffnung der
innerdeutschen Grenze

da lag meine Mutter
schwer krebskrank nieder

Die Öffnung hat sie
noch glücklich gemacht

Helga Loddeke

Paradies

Wenn die Liebe
klein ist,
ist sie schön

aber wenn sie wächst,
sei misstrauisch

sie ist wie eine Schlange,
unter den Blättern versteckt

Liebe ist der Tod,
aber das ist die Liebe

sie ist der Tod,
aber auch das Paradies

Erich Spöhrer

Vögel

Vögel
ziehen Linien
bilden Formationen
sehen Häuser
Gärten
Menschen
sitzen im Geäst
essen
schwarzen Holunder

Erich Spöhrer

Katze

Die stille Küste
das Wasser das niemals schläft

Eine Katze ruht auf einem Stein
bis das Licht des Tages
sich ausbreitet

Erich Spöhrer

Entfernung

Gott lebt fern
von den Menschen
einen Lichtfunken entfernt

Erich Spöhrer

Erde

Strategisch
Landkarten Häuser

Der tägliche Irrsinn
des Krieges

Feuerpause
Pinkelpause

Gewehre
Granaten

Gräben
Gräber

Erich Spöhrer

Krieg

Manchmal geschieht ein Wunder
ein Mensch überlebt im Kugelhagel
ein Felsenlabyrinth als Versteck
Drohnen über dem Wald

Erich Spöhrer

Ukraine

Die Blutkruste unter dem Verband
mit Schrotmunition gegen Drohnen
eine Wäscheleine in einem Garten

Erich Spöhrer

Schnee

Pappeln im Wind
ein Schwarm Krähen
Soldaten in Gräben

Bewegungen im Schnee
dichter Schneefall

Im Frühjahr
die Suche nach Minen

Erich Spöhrer

Dorf

Bewohnbar die Häuser
die Ställe die Tiere
die Geräusche
in der Nacht

Ukrainer und Russen
in einer Familie
die alten Bilder
1941

Xenia Cosmann

Los der Überlebenden

Träge räkeln sich die Helden
Auf den Planken nach der Schlacht,
Nach dem Plündern, nach dem Schänden,
Nach dem Teilen ihrer Macht.
Ihre Beute heim zu tragen,
Hat Boreas nicht versprochen.

Doch an Mut und Geist gebrochen
Rudern jüngst gepreßte Sklaven
Griechenschiffe aus dem Hafen,
Bis des Seufzens der Geplagten
Sich der Nordwind doch erbarmt.

Trojas Trümmerschutt im Rücken,
Über den die Peitschen fuhren,
Ruhen schwer auf Ruderbänken
Männer, die sonst Schwerter führten.
Als die Griechen Segel setzen
Und Kassandra weint.

Xenia Cosmann

Nachtschatten

Der Mond schien so hell durch die Scheiben
Warf Kreuzschatten an die Wand.
Sie wollten nicht stehen bleiben,
Als der Mond hinter Wolken verschwand.
Die segelten schnell durch das Leuchten,
Blaudunkel mit silbernem Rand.
Dann standen da wieder zwei Kreuze,
Gemalt mit glänzender Hand.
Für wen malt der Mond mit Schatten,
Für Schläfer und Schlaflose gleich?
Wer darf sich Hoffnung gestatten
In der Nacht so schattigem Reich?

Xenia Cosmann

Alte Bücher

Wenn ich in alten,
Längst verstaubten Büchern lese.
Dann kommt der Inhalt
allzu schnell zurück
In mein Gedächtnis;
Die Taten, Träume, Dialoge
Der Figuren,
Ja, selbst Gesichter, finden mich.

Diese, doch einstmals
Lebhaft eingebildet,
Auch ausgedacht, nur vorgestellt,
Sind nun belebt, bewegt
Mit anmutigen Gliedern,
Gefühlt lebendig, imitiert.

Ich höre keine Stimmen,
Nein, ich spreche
Und höre zu und lächle leicht,
So, wie es paßt.

Mir wird nicht widersprochen
Wenn ich lese, denn ich
Rede ja all die Worte nach.
Ich habe also nicht vergessen
Jener gedruckten Sätze Kraft.
Und die bewahrten Bücher
Üben, wie stets, geheimnisvolle Macht:

Ich kann mich selber
Lesen sehen, erinnere das Licht,
Das auf die Seiten fiel,
Kann meine Flucht
In die Geschichten fühlen,
Vor jener Wirklichkeit
Die ich vorzeiten floh.

Thomas Steiner

donaukilometer 2575

unter dem schild
auf dem sockel
ein fläschchen wodka, leer
wie ich sehe.
hier hat jemand gesessen
denke ich
& auf den see geblickt
& hinüber auf die andere seite
wo nicht viel zu sehen ist
zu dem wehr & dem turbinenhaus
leergetrunken
& ist wieder gegangen.

Thomas Steiner

plötzlich zwei kormorane

rabenschwarz
die das gesichtsfeld durchqueren
von ganz links bis ganz rechts
& alle gedanken
unterbrechen.
was war der gedanke, gerade eben?
sie fliegen flussabwärts
über das wehr
über die autobahn dahinter
die im rauschen nicht zu hören ist.

Thomas Steiner

so leicht ist die fahrt ins ungewisse also

dachte ich, mein gedanke beim anfahren des zuges
die blicke hinaus & hinüber
zu den anderen – dann: häuserzeilen
bäume, straßen, bäume
hallen, teiche, häuser
plätze, wiesen, schatten, bäume
häuserzeilen. – wozu dem folgen? so leicht also
ist die fahrt ins ungewisse.

Thomas Steiner

an der donau

viel zu viele
leute, viel zu viel
lärm, viel zu viele fahrräder
lautsprecher von drüben
was soll ich hier
warum
umgeben sie sich mit lärm?

Adam R. Prokop

möglich

so säßen wir
nicht wahr

dir wäre bange
dass ich wieder ausginge
mir dass ich
nicht wieder zurückkäme

so schwiegen wir
feige

Adam R. Prokop

Aufgaben für heute

noch einmal in den Spiegel schauen
das Wort Sinn hat schreiben
vergangene Ordner sortieren
Nummern ohne Chancen löschen
ein Ziel im Vorratsraum suchen
und träumen

Traum lässt durchhalten
nicht nur bei den Helden

Adam R. Prokop

***

es gibt Dinge auf dieser Welt
die es nie gegeben hatte

manche wurden nie wahr
es fehlten Wege und Kräfte

andere ergaben sich nie
es liegt sich immer bequemer

letzte wurden durchgestrichen
mit dickem verbissenem Strich

es gibt Dinge auf dieser Welt
die es nie gegeben haben wird

Adam R. Prokop

Fehlerberechnung

Augen werden die halbe Nacht gerichtet
gen Fenster wo das Licht brennen sollte
aber es gibt nur das schlaflose leere Düster

der fest entschlossene Versuch
um die Naivität der Jugend neu zu entfachen
den Glanz voll der Hoffnung auf die Zukunft

jenem lief einfach die Haltbarkeit ab
wie ein veralteter Rechner
fror er vor den Augen schmachreif ein

Adam R. Prokop

Algorithmus

Augen weit geöffnet
Augen gekniffen
Lider

Lippen weit geöffnet
Lippen geschürzt
Haare

Türen weit geöffnet
Türen geknallt
Nachhall

Quantum weit geöffnet
Quantum angelehnt
Seufzer

Justyna Dereszyńska
Adam R. Prokop

Fortsetzung

auf der Tastatur blieb ein Lächeln wortlos hängen
kalt schwarz-weiß ein wenig schartig
brannte mit einer computerisierten Ehrlichkeit
zu den bleichen Reihen der Null Einsen
er hängte sich unabsichtlich aber konsequent auf
im herzlichen Glasnichts
Gott und Lächeln: Schöpfung durchs Klicken
im melancholischen Cybersein
wo die Strahlen nicht immer goldig glänzen
wo die Stille mehrstimmig schreit
die Überzeugung im Stecker verformt
verloren in der komplexen Leere der Bedeutungen
falls eine Null Eins Differenz eine Bedeutung habe
nun, ein einfacher Einsamkeitslogarithmus

Übersetzung aus dem Polnischen: Adam R. Prokop

Justyna Dereszyńska
Adam R. Prokop

Bund mit dem Teufel

bange die nächsten Stunden nicht
sie werden nichts Neues bringen
dieselbe Angst und die gezähmte Furcht

erwähne die gutmütige Vereinsamung nicht
mit der du die nächste Brüderschaft trinkst
vor dem durch und durch bekannten Spiegel

schon sechs Jahre her als du den letzten zerbrachst
gedenke der Geduld als Tugend
in einem Jahr die nächsten sieben unglückseligen Jahre

mit Hoffnung wirst du sie abwarten
Kristall wird in Flut der Bruchstücke zerspringen
und an den Füßen versilbern

Blutströmlein wird das Schicksal besiegeln

Übersetzung aus dem Polnischen: Adam R. Prokop

Justyna Dereszyńska
Adam R. Prokop

Leningrad bei Nacht

nackter Köder breitete die Flügel am Kreuz
und in den Händen Dornen – Fetzen der weißen Rosen
die Sonne drang träge durch die Membrane
der Frühschrei blieb im Sargtuch gewickelt
ein lautlos einsames Schluchzen in Morgengrauens Stille
der Schlaf schlief zuvörderst hatte er den Tod getötet
und jetzt die Ruhe – am Kreuz ausgebreitet
bedeckte den Köder
umgab ihn mit einem Kokon
so blutete das Kreuz Liebe – das Schicksal des Kreuzes
die Flügel fielen in Ekstase nieder
Staub bedeckte das Kreuz

schon genug…

Übersetzung aus dem Polnischen: Adam R. Prokop

Justyna Dereszyńska
Adam R. Prokop

schwarzer Schnee

er verdeckte das Gesicht mit dem Schnee
mit einem kalten und schwarzen
das Weiße floh möglichst schnell

die Dunkelheit lief wie Milch über
gerührt aber nicht geschüttelt wellte auf
samtweich machte sie es sich bequem
in seinem Innern erfüllte ihn bis zum Rand

derweilen taute der Schnee auf
schwere Tropfen
fielen langsam nieder
mit der Vision der Wandlung zum Eis

er musste sein Gesicht aufdecken
es war voll von Schatten
und die Augen eiskalt

Übersetzung aus dem Polnischen: Adam R. Prokop

Justyna Dereszyńska
Adam R. Prokop

***

es wurde spät über dem Tisch
die Lampe erlosch der Honigkreis verschwand
der Mostrich des Erinnerns blieb
leider etwas ranzig
Abhandenheit essbar und bissig
manchmal verdauungstauglich
romantische Leber der Kräfte auf die Absichten
mit der Konsumption der Reste beendete Liebe
gegessene Hormone
zerfressene Kondome
ermüdete Zweifelalia
muffige Pheromone
klarer Auslauf der erschlafften Daten
frische Dünste der traurigen Gelüste
Unterernährung hängt mit der Anämie ab
es ist schon spät über dem Tisch…
leere Teller schlagen Schnapsgläser aus
im Rhythmus des Messerlachens
in den ausgebrochenen Zinken der Gabel
Dämmerung bedeckte den Tisch
die letzte Tasse ächzt Mitternacht
die Decke nimmt die Leichentuchgestalt an
auf den Boden fiel als Dose ein Stern nieder

Übersetzung aus dem Polnischen: Adam R. Prokop

Annedore Hirblinger

Wahnbilder, die keine sind

Stillstand im Jetzt.
In mir aufsteigendes Entsetzen
über das Unbegreifliche.
Abscheu und Hilflosigkeit verkleben
auf der brandgeschwärzten Mauer,
die mein Dasein, mein Leben von
anderen Leben trennt.

Wahrheiten zerfallen, Irrsinn flackert
jenseits der Ländergrenzen.
Eilmeldungen überspringen den
Qualm der Feuernester, die nachts
aufleuchtend glühen,
letzte Mahnungen vor dem Zerfall.
Schwere Leere in mir,
Friedensbestrebungen versinken
im Morast der Gleichgültigkeit.

Anhaltendes Inferno.
Tödlicher Drohnenregen zermürbt
die Flüchtenden.
Explosionssplitter zerschlagen
die Körper Unschuldiger.
Schreie ersticken unter Gewalt.
Mein Blick auf die Realitäten
verschwimmt angesichts
menschenunwürdiger Exzesse.
Ich klammere mich an
Visionen der Nächstenliebe,
um mich zu schützen,
in ohnmächtiger Teilhabe.

Hass und Selbstbezogenheit wie
Trägerraketen der Zerstörung,
abgefeuert im blinden Wahn
religiöser Eiferer.
Du sollst den Namen deines Gottes
nicht unnütz gebrauchen,
ein vergessenes Gebot.
Im hämischen Gelächter der Angreifer
zerfallen Wahrheiten, Humanität
und Recht zu Worthülsen.

Über mir tiefer Wolkennebel, Sprühregen,
Der Sommer zieht sich zurück
im Verzicht auf weitere Schönheit.
Das ausgewachsene Gras vermoost,
trockene Blütenblätter verwehen am Zaun.
Haarrisse verbleiben in meiner
Seele, die das Gesehene kaum begreift.
Der Alltagshimmel, grau in grau.

Annedore Hirblinger

Wieder Flutregen

Lichtdunkel im Sonnenschatten,
der Himmel bleich verhangen,
Regenmassen prasseln auf die Erde.
Sandgelbe Sturzfluten ergießen sich
über flaches Land, Straßen verschlingend.
Verwüstung greift Raum.
Im Angstwahn zerfällt die Gegenwart.
Das gestammelte Ave-Maria hilfloser
Bewohner übertönt durch
das drohende Rauschen der Flut,
das Geheul der Zerstörung.

Der entsetzte Blick fällt auf gurgelnde
Wasserströme, Wände unterspülend.
Brechende Dächer. Aufgetürmter
Hausrat unter reißenden Muren.
Unwirkliche Szenarien spielen sich ab.
Rettungsversuche enden bei
tödlicher Flucht. Brauner Lehmschlamm
erstickt Mensch und Tier.
Später flutet die Nacht das Lichtdunkel
mit ihrem großen Schweigen.

An der Kante des felsigen Abgrunds,
oben auf den Bergen, wolkenverhüllt,
hält die Zeit inne – in Gestalt
einer gebeugten Greisin,
schweigende Beobachterin
der Katastrophen, verspottet.
Ihre Warnungen als eigenbrötlerisch
und übertrieben abgetan.
Aus der Ferne schallen durch
die Tiefe des Raums
Empörungsschreie über menschliche
Gier und Verschwendungssucht,

Auf stumpfem Holz sitzend
blicke ich ins Tal, aufgewühlt.
Kreisende Gedanken
um die Vernichtung des Planeten,
um Folgen blinder Zügellosigkeit
dekadenter Lebensformen.
Ihr seid das Salz der Erde!
Worte, zertreten durch menschliche
Selbstsucht. Mich fröstelt und ich
knöpfe meine Jacke zu.

Christian Goltsche

Streichhölzer im Auge des Managements

Verteilt auf nassem Straßengrau
Papier durchweicht, zerknüllt,
War ehemals so wertvoll, nun
Kaum kostbarer als Müll.

Sie suchte nur den Noteingang
Zur eignen Residenz.
Die Schuld am Kapillareffekt:
Meist Freiheitsabstinenz.

Beim Aufprall kracht Metall.
Die Schreie nie vertrauter,
Der Tinnitus gibt auf.

Gedanken noch beim Fall,
Nur Börsen schreien lauter.
Das nehmen wir in Kauf.

Christian Goltsche

Wann

Im Kalender längst verloren,
Tausend Blätter abgerissen.
Selbst der Tag, als wir's uns schworen,
Weinberauscht trotz Hindernissen.

Hindernisse, die stets eilen,
Uns're Wege weiter schmälern.
Um die Ferne zu zerteilen,
Wandern wir in Digitälern.

Zähle ich die ganzen Tage,
Die uns beide fröhlich tragen,
Die der Wein uns noch durchtränkt,

Könnte ich die Welt zerschlagen,
Denn es stellt sich treu die Frage,
Wie viel uns die Zukunft schenkt.

Wo das alles herkommt

Die Tür geht auf und es wird stumm,
Und alles zieht dich in den Bann.
Dann stampfst und wirfst du alles um,
Doch Scherben bringen Glück, sagt man.
Es tut dir leid um's Porzellan,
War das verdammte Wort so schwer?
Das Herz rast auf der Achterbahn,
Wo kommt denn jetzt die Panik her?

Nur Chips und Bier auf Sofaflaum,
Weil das zumindest ewig bleibt.
Der rotblaugrüne Massentraum
Bleibt nunmehr dummer Zeitvertreib.
Ein Dachfenster mit Hagelschlag
Das reparierst du schlicht mit Teer.
Doch letztlich fragst du jeden Tag:
Wo kommt denn jetzt die Liebe her?

Ein jedes Buch in dem Regal
Gelesen und zurückgestellt.
Die Knicke hier im Ideal
Erregen nur die Außenwelt.
So tanzt du einfach um die Wut.
Glaubst du dir selber gar nicht mehr,
Wenn du laut sprichst: Es ist schon gut.
Wo kommt denn jetzt die Träne her?

Christian Goltsche

Aufnahmen

Früher wusste ich noch alles,
Sie entdeckte sich und mich.
Wir verträumten unsre Stunden,
Schrieben Lieder über nichts.
Ihr Gesang, wie frischer Regen
Sprenkelte er meine Haut.
Und am großen Platz, da wurde
Das Schafott schon aufgebaut.

Wir verlangten doch rein gar nichts,
Vielleicht wollten wir zu viel.
All die Hürden und Probleme
Hielten wir nur für ein Spiel.
Ihre Sonnenblumenstimme
War mir stets ein guter Lohn.
Und am großen Platz, da hörten
Wir das Schießkommando schon.

Es zerfließen alte Bilder,
Wie das Feuer schmilzt das Eis.
Dass nicht jede Flamme ausgeht,
Dafür fehlt mir der Beweis.
Staubige Musikkassetten,
Melodien alter Zeit.
Denn am großen Platz der Liebe
stand der Galgen schon bereit.

Peter Nied

Alles fest im Griff nichts geschehen
alles klar es bleibt auch dabei
nichts gesehen ist schon gut bleibt ja doch Einerlei
nichts gehört fest im Griff die Lage ist klar
keiner stört alles ruhig jawohl das ist wahr
keiner schießt nichts wird teurer
nur den und jenen solltet ihr hassen
und bei den Löhnen noch mehr passen
kein Skandal alles prima es läuft unser Schiff
schnell noch etwas vom Randgeschehen
so nun habt ihr genug gesehen

Peter Nied

Besuch im Ausflugslokal

Haben sie Schnittchen
Oh nur Schinken
Dann bitte mit gekochtem Schinken
Kaffee ah ja draußen nur Kännchen
Für den Jungen eine Bluna Limonade
Und ein Russen-Ei
Schau rief der Großvater laut durch das Lokal
Da vorne ist die Adolf Hitler Straße
Aber Wir hatten doch schon 1956

Peter Nied

Der Herr aus Österreich
also
wir waren
nein wir hatten ja eigentlich nicht
Onkel Walter
der war schon
und zwar von Anfang an
es hat uns auch keiner
ach was denkst du denn
alles stimmt so nicht
ist doch schon lange her
die Schmitz
von nebenan die konnten
nein Oma nicht
und auf einmal war der da
der Mann aus Braunau
1956
Versuch einer Rechtfertigung
elf Jahre danach
kam aber nichts dabei heraus
nach meiner dritten Frage
musste ich wieder
mein Mündchen halten

Peter Nied

Der Michel wieder

da hinten ist er schon wieder
ich höre seine laute Stimme
bis auf die andere Straßenseite
Fabrikant feiner Schneidwaren
Volksschule
gut eingeheiratet
grauer Anzug von der Stange
leichter Bauchansatz
glatt rasiert
Berge von Schulden
das Verfahren wegen Fahrerflucht
wurde damals eingestellt
im Moment regt er sich
über den kleinen Pudel auf
der mit verdrehten Augen
japsend auf der Dackeldame hängt
und das vor unserer Stadtmetzgerei
unser deutscher Michel
ausgerechnet er
mit seinem Stammparkplatz
vor dem Haus des Fotomodels
wo er sich
zweimal in der Woche
seine abartigen Wünsche erfüllen läßt
gequält
von seiner Doppelmoral

Peter Nied

Der Mietvertrag

Die Lage ist laut, dafür zentral gelegen
ein Hammerwerk steht auch gleich daneben
aber Hauptsache ist ein Dach über`m Kopf
nun gut es ist Feucht und viel Nachbarn die schreien
so etwas schreiben wir nicht ins Mietbuch hinein
aber Hauptsache ist ein Dach über`m Kopf
renovieren müssen sie beim Einzug allein
und die Miete ist grade auch nicht sehr klein
aber Hauptsache ist ein Dach über`m Kopf
im Keller sind Ratten auf dem Speicher sind Mäuse
doch Ehrenwort hier gibt es keine Läuse
aber Hauptsache ist ein Dach über`m Kopf
den Lärm aus der Kneipe den halten sie aus
bei Eigenbedarf da müssen sie raus
dann hatten sie mal ein Dach über`m Kopf
schließlich brauch ich für meine Bedürfnisse Geld
so ist sie nun mal, die Vermieter-Welt
jeder hat nicht das gleiche Dach über`m Kopf

Remscheid, 1983

184

Peter Nied

Die Klatscher

Ausdruck kollektiver Freude
und Dummheit zugleich
in Deutschland klatscht jeder
mal hart mal weich
Deportation, Mord und Überfall
wir Deutsche klatschten überall
politische Reden an Inhalt sehr arm
der Wähler klatscht sich die Hände warm
klatschten bei Kohl, Schröder und Schmidt
irgendwo klatscht der Michel mit
unter den Dummen wird sogar empfohlen
klatsch doch mal bei BILD und Bohlen

Peter Nied

Chefsache

Den Kopf stets voller Arroganz
Von sich überzeugt
Den Verstand im Schwanz
Vorstand Marketing und Vertrieb
Sexistisch gesteuert
Von unheilbarem Trieb
Frauen die ins Beuteschema passen
Und ihn voller Angst dann hassen
Den ergrauten Wolf vom Rhein
Kurz gesagt
Der Chef
Das Schwein

Peter Nied

Schnell noch ein Post

Beerdigung und beide Taufen
Nüchtern oder alle saufen
Monis Furunkel an ihrem Po
Sex in der Küche sowieso
Dann nach 14 Tagen Sperre
Immer wieder das Gezerre
Jochen postet munter weiter
Backenzähne voller Eiter
Lecker Speisen vom Buffet
Die OP an seinem Zeh
Oder wie die Katzen ficken
Und wie die blöden Nachbarn ticken
Der Unfall auf der Autobahn
Jochen ist im Facebook Wahn
Er postet alles jeden Tag
Diskretion ist kein Vertrag

Victoria Pavot

Vier Uhr morgens

Vier Uhr morgens
auf der Brücke
Wenn Verheißung
schwindet zu Wasser
und Asphalt

Laternen tragen
die Nacht fort,
der Wind schweigt
Und Alkohol tanzt
im Magen

Ein neuer Morgen.
Sonntag, und ich gehe
überbrückend
in den Alltag
hinein

Victoria Pavot

Schattenschluchten

Schattenschluchten
Alte Welt
Schattenschluchzen
Maske fällt

Schattenschlittern
und doch Glanz
Echtes Ich
Mehr Substanz

Lichterkuppen
Neue Welt
Denn man lernt
wenn man fällt

Helga Thomas

Erwacht

doch noch nicht ganz
die Welt der Nacht verlassen
kann ich mich noch nicht
in den Tag begeben
Was hindert mich?
Schwarze Gedanken
fesseln Hand und Fuss

Ein Zwischenzustand -
ähnelt er der Zwischenwelt?
Spüre ich vielleicht
unerlöste Seelen?
Seelen
die ich einst gekannt
Seelen
die dem gleichen Ziele
folgen wie einst ich?

Die schwarzen Gedanken –
sind das eure Rufe an mich?
Fesselt ihr mich
damit ich bei euch bleibe?
Doch so kann ich
euch nicht erlösen
Ich werde für euch beten
auch wenn ich weiss
dass das noch nicht genügt

Auch
im Tätigsein
werde ich voll Hoffnung warten
auf einen Hinweis
was möglich ist
für mich
zu tun für euch

Helga Thomas

Was erinnere ich?

Es sind Ahnungen
nebelverhangen
die mich erfüllen
mir auch von aussen
sichtbar werden
im Dunkel der Winternacht

Von dem Gelesenen
erinnere ich sonst
kein Wort
keine Zeile
keine Handlung
kein beschriebenes Bild

Und doch…
ich kenne das
was ich einst las
vielleicht tat
aber sind das
echte Erinnerungen?

Etwas fragt ganz leis:
Was soll es sonst sein?`
Nicht dein Kopf erinnert
aber dein Herz

In der nebelverhangenen Welt
im Winterdunkel
tragen diese Erinnerungen
dich vielleicht sicherer
und weiter in andere Welten
Sind sie nicht
ein sicheres Schiff?

Helga Thomas

Als das Alphabet im Meer ertrank

einzelne Laute
Buchstaben
sind aufgestiegen
mit dem verdunstenden Licht
zur Sonne
wanderten mit den Wolken
suchten verlorene Laute
fielen später wieder zur Erde
Sterne aus gefrorenem Wasser
im fallenden Schnee
bilden die versunkenen
Buchstaben und Laute
ein Verkündigungslied
bevor sie von neuem
ertrinken im tiefen Schnee

Helga Thomas

Vor 75 Jahren

Sonnenlicht
erfüllt mein Zimmer
der Blick durchs Fenster
führt mich zu weißen Wölkchen
vor blauem Himmel…
weckt Sehnsucht
nach Ferne
Warum
finde ich nicht die Kraft
den Tag zu beginnen?
Ich spüre keine Müdigkeit
und doch…
bleierne Schwere zieht mich
zurück ins Reich des Schlafes –
oder des Todes?
Mein Rücken schmerzt
der erste Schritt –
die Hölle
die Last
– von wem mir aufgeladen? –
drückt mich nieder
beschwert mich
lässt ein
Sich-Aufrichten nicht zu
wohin mit dieser Last?
wen betrauere ich?
Erinner dich
sagt eine mahnende Stimme
Blick zurück
vor 75 Jahren
Ich erinnere mich nicht
weiß nicht
was vor 75 Jahren war
aber ich spüre Kraft in mir
die Kraft der Verzweiflung

die dennoch sagt
Kinder schreien
und sagen sterbend
zu ihren trauernden Eltern
– die auch bald gehen werden –
vergesst nicht
das Schöne der Welt
vergesst nicht die Liebe

Helga Thomas

Nicht gelebtes Leben
unerfüllte Liebe
verworfene Pläne
verratene Ideen...
wandeln sich
(wenn du dich
liebend erinnerst)
in die Sehnsucht
die dich in deine
Zukunft führt

Wenn es dir gelingt
sie zu beseelen
bist du vom Geschöpf
zum Schöpfer geworden

Helga Thomas

Tränen fließen…
um wen
für wen?

Die emotionslose Stimme
des Nachrichtensprechers
nennt die Zahl der Menschen
die sofort tot waren…
Nein
ausnahmsweise
ist nicht die
Corona-Epidemie gemeint

Vor 75 Jahren
der Abwurf der
Atombombe auf
Hiroshima

Nur
wenn wir uns erinnern
an die Schönheit
und die Liebe nicht vergessen
können wir verhindern
dass es sich wiederholt

Es liegt an uns
nur wenn wir wollen
können uns alle
guten Geister und Engel
helfen

Helga Thomas

Warten auf ein Wunder

Spontan wie ein Kind hoffe
ich immer noch
und immer wieder
auf ein
Wunder

Ich hoffe nicht nur
ich erwarte es
und richte mich
darauf ein
und bin bereit
es zu empfangen

Bin ich immer noch nicht
erwachsen geworden?
Oder ist es ein Zeichen
von Weisheit?

Helga Thomas

Die vergessenen Erinnerungen

Was geschieht mit den Erinnerungen
die noch haften an den Dingen
am Rande der Straße

Fragte ich einst vor vielen Jahren
Ich verstand die Antwort
die verschiedene Wesen mir zuflüsterten:

Sie kommen des Nachts zu den Menschen
zu denen die Gegenstände einst gehörten
und suchen Zuflucht in ihren Träumen
meistens sind es Albträume.

Doch die
die ihre Menschen nicht finden
begeben sich zu den Menschen
die ihnen ähnlich sind
und gehen dort in ihre Träume
vorwiegend Albträume

Doch inzwischen habe ich
noch anderes erfahren:
die Erinnerungen
die nun nicht mehr
haften an den Dingen
am Rande der Straße
die ihre einstigen Besitzer
suchen und nicht finden
schwirren wie Fledermäuse
hektisch durch die Nacht
sie sind auf der Flucht vor
dämonischen Wesen die sie
als Beute fassen wollen
um sie weiter zu missbrauchen
im Kampf gegen
die Entwicklung der Menschheit
und der Erde

Helga Thomas

Darum ist es wichtig
dass wir die Erinnerungsfäden
die an den Dingen haften
aufwickeln zum Knäuel oder
auch nur zu einzelnen Fäden
Schicksalsgöttinnen werden sie verweben
zu Schutzhüllen oder das Knäuel
kann den unerlösten Seelen helfen
die im Labyrinth der Dämonen
gefangen sind und auf ihre Erlösung
durch uns hoffen
Noch können sie hoffen
doch wir müssen eilen
die Zeit vergeht und
sie werden alles vergessen.

Helga Thomas

Heute ist die Zukunft
der Vergangenheit
gestern seine Gegenwart

Heute ist aber auch
die Vergangenheit der Zukunft
denn morgen
ist das Heute der Zukunft

Helga Thomas

Ich war verschwunden
obwohl ich da war
ich merkte es daran
dass mich nach der Veranstaltung
mehrere fragten
wo ich denn gewesen sei
sie hätten mich nicht gesehen!

Ich zuckte die Achseln
und ging weiter!
Sollte ich sagen
dass ich sie sah
aber ihre Nähe nicht suchte?

Doch ich sollte danken
den Wesen
die mich in unsichtbar
machende Schleier hüllten
und so mich schützten
vor dummem Geschwätz
endlosen Belehrungen und
nicht enden wollenden Belehrungen

Wer kann mir helfen
dass ich auch bei ihnen
den wahren Menschen erkenne?

Helga Thomas

Niemandsland?

Es gibt nicht nur ein Niemandsland
ein Niemandsland zwischen den Grenzen
es gibt auch ein Niemandsland
zwischen Plan und Tat
zwischen Gedanke und Wort
zwischen dir und mir

Wenn du dort bist
gehörst du weder zu dem einen
noch zum anderen
du musst dich entscheiden
entweder oder
ob du es willst oder nicht
du grenzst das andere aus

Es gibt noch ein
anderes Niemandsland
dort überschneiden
sich die Grenzen
ein Gebiet das zu beiden gehört
sowohl als auch
dort kannst du
deine Mitte finden
und die Welt umarmen

Wenn ich am Morgen
zwischen Erwachen
und den Tag Beginnen
auf der Bettkante sitzend
mich erinnere
an gestern
an den Traum der Nacht
an die gestrigen Pläne
für die heutigen Aufgaben
dann befinde ich mich

dort in der Mitte
von beiden Welten
in der Welt hier
und der anderen Welt

Helga Thomas

Göttliche Wesen
schenkten einst uns
das Licht
die Sonne
den Mond
die Sterne
heute schenken sie
uns die Erkenntnis

Was hindert uns
sie leuchten zu lassen
damit wir unseren
Weg in die Zukunft sehen
und gefahrlos gehen können?

Helga Thomas

Heute
ist das Niemandsland
zwischen
gestern und morgen

Oder?

Es ist der Herzensraum
der entsteht
durch die Umarmung
der vergangenen und
kommenden Zeiten

Heute ist das Morgen
von gestern
und wird das Gestern
von morgen sein

Ein verborgener Raum
der Ewigkeit
in dem alle Jahreszeiten
gleichzeitig zu finden sind

Rosen und Lilien
blühen gleichzeitig dort
tragen Knospen und Früchte
und das Dunkel leuchtet
in allen Regenbogenfarben

Vanessa Cutui

Loslassen

Du sagtest immer
Wenn das Leben eine Farbe wäre
Würde es leuchtend gelb strahlen
Und wie Thymian riechen.
Deine Schuhe lagen verwaist in einer Ecke
Wann immer es regnete
Und du mit den Regentropfen draußen um die Wette tanztest
während ich am Verandatisch den Kaffeedampf wegpustete.
Jetzt bis du nicht da,
Der Thymian riecht nach Unkraut
Und der Kaffee schmeckt bitter.
Deine verwaisten Schuhe habe ich
noch immer nicht weggeräumt.
Vielleicht kommst du ja zurück.

Kurt Bott

Tendenz schweigend

Sagen dir die Einbuchtungen was
die Querfeldstrassen
die pelzigen Lehmböden die Bogenfalter
die Rückkehr der Schmetterlinge

in der spürbaren Stadt mit greifbarer Provinz
drängt die Zeit ins Gras auf der Strasse
einige festgeklebte Klimakämpfer
auf der Ringstrasse leicht verzögert die Quälgeister
von der anderen Seite
sie fahren namenlos und unbeschwert in die
eindeutig zugewiesene Ferne

um Religion und Rente darum geht es eigentlich
vielleicht noch um Gewichtsverlust Wetter und Börsensturz
dort ist die Stelle des schlimmer geht nicht mehr
dort bohren sie dort sitzt der Nerv

eine Maus ist tot
wahrscheinlich Herzinfarkt
ich muss sie erschreckt haben.

Kurt Bott

An die eine die ging und die andere die blieb

Der Flügelschlag des Schmetterlings
im Holunderwind ist Glückseligkeit am Rande
spuckt sie in den unruhigen Fluss
es ging nicht minimal invasiv auch nicht
mit Lethargie zwischen Beinen während
du im Dunkeln ruhst nur festgemacht
an zwei Punkten weißt du dass dein Partner fehlt
was doppelt war hast du gegeben

habt Dank für eure Unermüdlichkeit
bald ist Tumorkonferenz
ich weiß nicht was du mitgenommen hast
in den Fünfzigern gab es Nierentische
dann konnte man mit Magnetbahnen in den Himmel fahren
bis zum freien Fall in Farblosigkeit
Partner im Dunkeln zu finden ist schwer
vielleicht war vor mir verborgen
ein grauer Untermieter der nach einer
Umarmung über Bord gegangen war

mein kleiner Nachtwächter du
überlebtest die gleissend helle
Widerspiegelung des Skalpells
keine Lücke hast du hinterlassen
auf die schon andere gewartet hätten.

Kurt Bott

Kurpassanten

Ich bin Beobachter der landeskundlichen Vielfalt
Frühlingsrollen werden im Winter serviert

Eintracht Leber schlägt Blutwurst eins zu eins
sie treiben es auf die Spitze mit ihren Spielen

die hochwadigen Schwestern
und die Kurparkphantome

sieh nur die Weißhaarige
jeden Morgen erzählt sie uns ihre Träume

wieviele Tische hätte sie schon hinter sich
an denen zu viert über die Heimat geheult wurde

kniebeugen wir den Tag über die Stunden
bis das der Tee kommt

probieren Sie mal wie selbstgemacht
aus Engelhaar sieht aus wie lebenslänglich

im think tank der grauhaarigen Projektgruppe
wird kreuzfidel ein Totengesang angestimmt

ist nur ein nervöser Kölner
das hört man an der Mundart

die saure Niere an Tisch vier
immer viel trinken und nicht onanieren

suchen Sie den Kurpark auf
haben Sie schon mal was von positiver Energie gehört

Hier auf dem Herzacker meiner Zeit
bin ich in einem Fläschchen

ein Wickelkind dem gute Gedanken wiederkommen
gelandet in einem Hoheitsgebiet
kein Übungsgelände Kampfbahn
wo Familien aufgestellt werden

auf welche Welt bin ich gekommen
von Geburt an meine Niederkunft geschah
in einem heißen Sommer ohne Klimafragen
fünf vor zwölf wurde es den Menschen warm ums Herz.

Kurt Bott

Bundestag

Neben sieben Wochentagen
gibt es auch den Bundestag
den ich - muss ich sagen -
leider nicht mehr mag
vor allem dann nicht wenn sich die
die satt dort pennen
einmal weiblich einmal männlich nennen können
doch in einer kühnen Weise
als gingen Dämonen auf die Reise

denk ich an Deutschland in der Nacht
bin ich nun um Rock und Hos' gebracht
sehe sie dort sitzen unsere Erwählten
wohl biologisch so Gequälten
sehe sie hemmungslos Geschlechter hinterfragen
und vom Volke mitgetragen

ich nenne dies zum guten Schluss
so wie man's eben nennen muss.

Kurt Bott

Betreutes Denken

Der Impfbeobachter meldet
Schwänzen und zunehmende Impfbummelei in Arztpraxen
sowie ein infektiöses Freiwilligkeitssyndrom man könne fast sagen
I nfektiöses **M** assenbasiert **P** raxisbezogenes **F** reiwilligkeitssyndrom
bei größter Vorsicht bei sich selbst vernichtenden Impfstoffen
und zunehmender Zutrittverweigerungsinzidenz
in kumulierenden Kampfstoffabteilungen
Selbst das rote deutsche Kreuz das zunächst Massenansammlungen
von gebuchten Zweitimpfterminen voraussagte
singt nun ich hab noch einen Koffer in Berlin
die Charité zeige sich unbarmherzig weil ausgefallene Termine
umgebungsgefährdend seien und doch erst eine
Doppelimpfung unbeschwerten Urlaub vermitteln könne
Irgendwo ziehen wieder schwere Gewitter auf
unvorhersehbare Hagelstürme und Tornados
also schnelle Rückreisebuchungen und geballte
Quarantäneberatungen weil das Glück ja doch woanders liege
doch sind verunglückte Buchungen auch ein Weg zur Beantwortung der
Frage wo denn nun die Heimat sei
wenn die letzten Blätter fallen, das letzte Taschengeld der Kinder
in Sauerstoff reine Luft angelegt sein wird
Problemländer Variantengebiete und geschlossene Grenzen
der Vergessenheit anheimzufallen drohen
wenn die Kronen zerbrechen und die Winterleere kommt
wird ab Herbst gestorben.

Kurt Bott

Viro - dem Gift

Beschädigte Berichterstattung in den Medien
Der V-Mann ist kein Virologe
Er sitzt benebelt in seinem Labor
ziemlich unterirdisch
er berechnet und spekuliert
hält den Fuß in der öffentlichen Tür
erlaubt ist alles
ein eloquenter Virologe
streut sich keine Asche aufs Haupt
hoch lebe der nächste Tätigkeitsbericht
die Tagesschriftsteller lechzen danach
die Monitore die Geschichtsschreiber
nachdem die Wellen geglättet sind
und Dampf abgelassen ist
beruhigen sich die offenen Geheimnisse
die Stadtgespräche hinter maskierten Mündern
wieder begrapschen dürfen abtasten befingern
zu Herzen gehen
sich überschneiden
es gibt so viele die noch nicht geimpft sind
mit Abschlussnote mangelhaft.

Kurt Bott

Kathy

Du warst die Näherin der verletzten Stunden
du flicktest die Zeit durch deine dicke Brille
saßt auf deinem Balkon und beobachtetest
das kleine Garagenland
immer wenn ein Wagen kam
sagtest du was hast gegrüßt und gelacht
und warst für ein paar Sekunden nicht mehr allein
oft konnte ich deine Brüste sehen
die Warzen steif vom Blumengießen
du achtetest nie darauf
die waren wie deine Hängegeranien
nach der neuen Hausordnung
durftest du die Blumen nicht mehr gießen
weil das Wasser den Nachbarn traf
du hattest dann Plastikblumen gekauft
so schön ein ganzes Jahr über
Ich weiß nicht wo gehen die Namen hin
nächtelang ziehen Jahre ins Land
im Herbst frage ich mich
was kann ich von mir abschneiden.

Kurt Bott

Da steht jemand

der hat seine Stammrolle erkannt
ihr solltet sein Gesicht mal sehen
Ich suche Lilith auf meine
dunkle Mondfreundin
und frage sie was in hundert Jahren noch steht
ich jedenfalls nicht mehr
mein Zimmer liegt bestimmt
über einem Flusslauf.

Kurt Bott

Give me the Tiber

Ach Rom du beglaubigter Zufluchtsort
Menschen halten wie der Bus
vor der Schwarznonnenkirche
deine Zudringlichkeit deine stichhaltigen
nagelfesten Kreuzgänge von Skulpturen
ganz zu schweigen
König wie viel Schritte darf ich tun
bis zur Hochspannung in Peters Dom
an jeder Ecke eine kleine Opernarie
ein Kanaldeckel ein kleiner Zweifler
ein Bratensaucenfleck an einer aufgeschlagenen Bibel.

Kurt Bott

Gedanken

Wenn wir Gedanken sichtbar machen könnten
wären wir im Krieg wie ginge es den Menschen
am Morgen danach sie schliefen wieder
und hätten Angst vor Arztbesuchen und Kommissionen
vieles wäre nicht geschehen
wenn jemand da gewesen wäre
mit dem man hätte leben können die Leinen los
und weg war ich in Fluten
hing immer ein Seil
wie auf Befehl.

210

Kurt Bott

Confessiones

Wenn wir weitergemacht hätten
mit der Freundschaft
wäre ich vielleicht Tänzer geworden
wir wissen nicht was die Zeit ist
sind aber sicher dass sie vergeht
wir haben ein gutes nachbarschaftliches Baumfällverhältnis
du die Sommerreifenwechslerin
ich der Gartenautist umgraben
Quadratmeter um Quadratmeter
letztlich sagtest du und hattest dich versprochen
wir sollten Nägel mit Köpfen machen
oder die Zunge im Zaun halten
was erleben wir noch außer Rückenschmerzen
diesen Punkt fand ich benickenswert
jetzt sitzen wir und schauen lange ins Feuer
das überwältigend ist.

Kurt Bott

Jetzt wo die Wegeblumen blühen

brennt Notre Dame
es streift ein Hund Nimmermehr
hast du durchgesetzt schaust aus
wie ein immerwährendes Aufwiedersehn
kein Dante wohnt in Höhenhaus
kein Schimmelreiter der auf einem Pferd
durch lustig weiße Winde streicht
nur morsche Klänge verwitterte Melodien
Sturm oder sind es standing ovations
der späten Akazien.

Kurt Bott

Kleiner Geisterort

Zwei entlaufene Heimatbewohner
eine Bank und ein Wiedehopf
ein scheuer Kuss ein kurzer Blick
in die Verlorenheit zuhause wartet
der neue Freund der fremde Ort sieht aus
als habe irgendwer nicht mehr weiter gewusst
ein Linienbus als gehöre er nicht hierher
eine Haltestelle hättest du hier nie vermutet
im kleinstädtischen Grau verstickstofft bläulich
mittendrin tönt eine Glocke früher
sei die Luft besser gewesen
der Wiedehopf dudelt sein *Upupa*
über zurückgelassenem Plunder.

Kurt Bott

Ruf

Ich höre deinen Ruf nicht Nachttrompete
ich seh im Apfelbaum die ungespitzte Nacht
seh den Schneemann krank gebeugt und ängstlich
auch dem Vater Rhein seh ich nicht alles an
streng riechen lang geschlossene Schubladen
ich erwarte deinen Anruf
draußen kommen Krokusse
langfein und schüchterndünn
wie kraftlos nach Jahren.

Kurt Bott

Das Leben stumme Bilderfolgen

Schwer liegt der Wein im Glas
Blasebalg die Lungenflügel
atmen oder nicht mehr atmen
im Herzen Sechsschanzentournee
in den Heimstätten der Besuch der Ehrengarde
ich Dosenfisch komm aus der Nummer nicht mehr raus
in achttausend Metern Tiefe spürst du einen
Druck wie von fünfzig übereinander
gestapelten Jumbojets
welches Wesen meldet sich freiwillig dorthin
was müssen die denken
wenn in absoluter Finsternis
ein helles strahlendes Licht erscheint
die Länder im Norden
sollen am glücklichsten sein
und haben die höchste Selbstmordrate
ob die Glück nicht richtig definiert haben
man nimmt sich das Leben heißt es
aber gemeint ist das Umgekehrte
ein Tiefseewesen oder durchs All fliegen
ich liege am liebsten im Bett
wenn in den ruhigen Morgenstunden
niemand etwas von mir wollen kann.

Kurt Bott

„Ich will am liebsten sterben ohne dabei zu sein.“ (Filmzitat)

Es gibt kein Abtauchen mehr
zwischen Großvaters Obstbäumen
Blüten suchen Blumen sprechen
den Kopf senken weil Worte gefallen sind
Planeten werfen Schatten
auf die Intensivstation
in einem glückvollen Jupiterjahr.

Kurt Bott

Böse Beine

Im Park der Gehetzten
kommst du mit einem Fuß in die Schiene
seitdem doppelte Verneinung im rechten Knie
soll ich passiv stundenlang zuhören
oder aktiv nichts tun
bunte Karten von dazumal
und abends dann ein Tatort
unser Leben steht in Radio- und Fernsehzeitungen
parzelliert nach Stunden und Minuten
ein Arschtritt und du bist im Dschungelcamp.

Kurt Bott

Die Ausgewanderten

Du sitzt auf deinem weindurchtränkten Thron
und rauchst Verschwörungsformeln
Muttern sitzt schwerhörig vor dem Vogelkäfig in der Küche
ihr wählt AfD und pünktlich liegt die BILD im Kasten
Aus- und Einwanderer mit Koffervollgeld
habt jetzt Wasser im Keller
Richtersendungen im Fernsehen um drei Uhr morgens
ein Steak mit Zuckererbsen und Möhrchen
sitzt ihr beiden mal schön eure AOK Zeit dort ab
jetzt kannst du nicht mehr auf Deutsch
jetzt musst du auf Französisch intrigieren
Hauptsache La Paloma röhrt durchs Haus
wenn du die Treppe runter gingest
was du nie tust
dann würdest du sehen
dass unten Wände auf dich warten
und Stromkästen die verstanden werden wollen
in dir konnte ich so schön angreifen
was ich an mir hasste.

Kurt Bott

Jeder Tag

zeigt mir meine Kontrolle
kann man sich im Chaos wohl fühlen
liegt das Kriegsbeil noch unterm Tisch
ist im Garten was begraben
liegt bei Nacht und Nebel hinterm Blockhaus
noch die alte Tollheit.

Rexhep Shahu

Eine Brücke zu mir selbst

Ein ganzes Leben lang strenge ich mich an,
ich will eine Brücke bauen.
Eine Brücke, die mich
mit meinem wahren Ich verbinden kann.
Nachts baue ich sie,
tagsüber wird sie zerstört.
Ausgerechnet jetzt, wo ich nicht fliegen kann,
brauche ich unbedingt eine Brücke,
um zu mir selbst zu gelangen.

(Aus dem Gedichtband „Die Stadt der Gebete")

Rexhep Shahu

Das Schiff kentert

Das Schiff kentert,
während wir uns darüber den Kopf zerbrechen,
welches Geschlecht die Götter vertreten,
jene Götter, die wir um Hilfe bitten.

Das Schiff versinkt,
während wir uns die Köpfe darüber einschlagen,
ob die Götter jungfräulich sind,
jene Götter, die uns retten sollen.

Die Leichen unserer Träume
schwimmen zu den Ufern hin,
dorthin, wo der Wind des Schicksals sie hinführt.

(Aus dem Gedichtband „Die Stadt der Gebete")

Rexhep Shahu

Eine verlorene Schlacht

du lässt dich nicht blicken,
du kommst nicht, obwohl ich solange warte,
bis das Warten ergraut.
Habe keine Ahnung, ob ich in Vergessenheit geraten bin,
auf dem Müllberg gelandet
oder zu einem Tränentropfen geworden bin.

Ich weiß es nicht,
jedoch Tag für Tag roste ich immer mehr ein,
wie Kriegswaffen,
verschollen in versteckten Museensecken,
dort, wo ich niemandem von dir erzählen kann.

Ich verwandle mich langsam
zu einem verlorenen, ruhmlosen Kampf.
Es ist schwer, die Liebe sichtbar zu machen,
sie muss geschehen …

(Aus dem Gedichtband „Die Stadt der Gebete")

Rexhep Shahu

Verlasse dich nicht auf den Menschen

Kleiner Vogel, du frierst und zitterst auf dem Balkon,
ich öffne das Fenster, aber du kommst nicht hinein,
du hast Angst, hast kein Vertrauen zu mir
Ich weiß, es ist nicht so einfach, dem Menschen zu vertrauen

Egal wie stark ich dich anflehe, sich nicht zu fürchten,
du vertraust mir nicht und schaust mir in die Augen.
Was soll ich tun, du kleiner Vogel,
wie kann ich mich mit dir anfreunden?

(Aus dem Gedichtband „Dieser Sommer voller Langeweile")

Rexhep Shahu

Wenn du den Kopf drehst

Wenn du nach der Sonne schaust,
werden deine Augen das Sonnenlicht nicht erblicken,
du wirst nur Nebel sehen oder auch dunkle Finsternis.
Du wirst dich nicht mehr erkennen,
versunken in Falten, die hässlich sind.
Und du wirst ewig die Spiegel,
jeglichen Schlamm am Grund verachten

(Aus dem Gedichtband „Die Stadt der Gebete")

Rexhep Shahu

Eiskalte Winterwörter

Dein Schweigen ist das kühlste Winterwort,
mit Raureif umhüllt, als wär's aus Eis,
das zu keiner Zeit des Jahres zu schmelzen vermag,
das stillschweigend seine tristen Tage
zu Grabe trägt

Das kälteste Wort ist dein Fehlen,
das wie verrückt tobt und mir ins Gesicht,
gefrorenen Atem haucht
Steine auf unserem gemeinsamen Weg reiße ich weg,
damit die Spuren unserer Liebe verschwinden.

Die kältesten Worte tilgt die strenge Kälte
aus unserem Liebesbuch heraus,
sie entfernt die Buchstaben, einen nach dem anderen
und schmeißt sie wütend in den Himmel,
ich renne den Buchstaben hinterher,
die mir wie Vogelzwitschern,
im Frosthimmel vorkommen,
auf der Suche meines Ichs,
versteckt in deinen Augen.

(Aus dem Gedichtband „Dieser Sommer voller Langeweile")

Rexhep Shahu

Dieser Abend stirbt langsam

Dieser Abend erlischt so langsam,
mit tränenden Augen, weil du nicht erschienen bist.
Genau so wie die Stunden und die Sterne erlöschen.
Jedoch du weißt es nicht, wie ein Abend langsam stirbt.

Dieser Abend erlischt, denn du bist nicht da.
Die lebhafte Sonne versinkt ins Meer,
die Nacht trauert, du fehlst.
Eine ewige Trauer das ganze Leben lang.

Dieser Abend stirbt langsam.
Vor lauter Schmerz dringt das Meer in mich hinein.
Wie kann ich das Meer heilen, es bleibt stumm.
Wie kann ich das Meer heilen, wenn du fehlst?

(Aus dem Gedichtband „Dieser Sommer voller Langeweile")

Rexhep Shahu

In meinen Gedanken

In meinen Gedanken renne ich
hinter dir her,
denn ich weiß nicht, wo du bist und wie es dir geht,
Deine Abwesenheit hält mich am Leben,
wie ein Schiff, das nach den Ufern sucht.
Ich verweile am Fenster und es kommt mir vor,
du umschließt das ganze Licht dieser Welt.
Ich möchte durch die Scheiben hinwegsehen,
ich sehe jedoch nur dich.
Dein Gesicht, ich sehe deine Augen
und in den Augen sehe ich mich,
voller Trauer,
vor lauter Sehnsucht nach dir.

Ich verweile am Fenster und sehe mich
in deinen Augen.
Die Fensterscheibe beschlägt mit Sehnsucht
und die Tränen kullern von den Augenwinkeln herunter.
Mit tränenvollen Augen zeichne ich auf der Scheibe zwei Linien
wie deine Lippen,
Zwei Arme wie die Flügel des Vogels in meinen Träumen.
Ich schaffe es jedoch nicht,
dein Porträt auf der Scheibe zu zeichnen,
vor lauter Angst, ich könnte dich nicht so schön,
wie du bist, zeichnen.

Dann zeichne ich tausende Linien
kreuz und quer,
tausende Kreise
und ich suche dich auf den Kreuzwegen
des Wirrwarrs, den ich gerade zeichne.

(Aus dem Gedichtband „Die Stadt der Gebete")

Rexhep Shahu

Man hat uns befohlen

Wir bekamen den Befehl, uns aufzuhängen,
an unseren Därmen,
oder man würde uns mit einer Kugel
auf die Stirn erschießen.

Wir gehorchten,
trauten uns nicht, anders zu handeln,
Wir rissen unsere Därme raus,
banden sie zu einer Schlinge an dem Galgen,
den wir selbst aufstellten.
Und wir hängten uns auf, wir starben,
sahen wie hässliche Leichen aus,
in der Hoffnung, die Därme würden abreißen.

Auch wenn man uns mit einer Kugel erschießen würde,
wäre der Tod gleich sicher gewesen,
jedoch wäre dieser Tod anmutig
Wann lernen wir endlich,
in voller Würde zu sterben.

(Aus dem Gedichtband „Die Stadt der Gebete")

Rexhep Shahu

Wo sollen wir den Anker werfen?

Wo sollen wir den Anker unseres Schiffes
in diese trügerischen Gewässer werfen, Liebling?
Wo sollen wir hin, wenn wir das verbrannte Land betreten,
denn es kann uns nicht tragen, wir sind eine Last.
Zu viele Lebende und zu viele Tote.
Woran sollen wir glauben,
wenn hier niemand glaubt und niemand den Gott kennt.
Hier weiß niemand, dass der Gott in unseren Herzen ist.
Hier weiß niemand, wer böse und wer böser ist.
Wo sollen wir hin, wenn die Sonne hier nie aufgeht,
sie geht nur unter und dann verschwindet sie.
Hier wachsen und trocknen die Bäume nie aus.
Die Blumen erblühen zu keiner Jahreszeit,
nur der Nordwind tobt von allen Seiten.

Wo sollen wir in der Nacht hin, wenn der Mond nie erscheint
und wir keinen Pfad- oder Fußweg finden?
Hier wurden die Sterne am Himmel gelöscht.
Du sagst, lass uns aussteigen, ans Land gehen.

Hier kann man jedoch nicht zu Fuß,
sondern im Handstand laufen.
Hier fehlen die Worte, man hört nur Schreie.
Hier bespucken alle die Sonne
und die Spucke landet auf deren Gesicht wieder zurück.
Hier kann man nicht leben, wenn man Opfer wird.

Hier müsste man Henker, Henker müsste man sein.
Hier regnet es nicht, nur hagelt es.
Hier isst niemand Brot, alle fressen nur Kot.

Wo sollen wir hin, Liebling, welche Richtung sollen wir nehmen?
Wie können wir das Land verlassen, hier herrscht nur Gier.
Hier fragt niemand nach der Seele,
niemand fragt nach dem Menschen.

Alle wollen geliebt werden
und man wird von niemandem geliebt,
Sag mir bitte, was sollen wir tun?
Raus mit der Sprache, wie sollen wir weiterleben?

(Aus dem Gedichtband „Die Stadt der Gebete")

Übersetzerin aller Gedichte aus dem Albanischen: Etleva Persch

Riza Braholli Mborja

Einsamkeit unter den Menschen

Wozu brauche ich die Menschen letztendlich?

Die Bäume,
in Vergesslichkeit geraten,
rufen Einsamkeit hervor.

Ihre Traurigkeit verfolgt mich,
die Blätter versuchen
vergebens mir Grüße zu schicken.

Die ganze Luft fühlt sich ähnlich an;
Abends und morgens lausche ich
der Klage der Bäume.

Diese Luft kommt von hier raus,
von der Höhle
dieser hungrigen Brust

Wem soll ich von dieser Flucht erzählen?
Um mich herum,
um die Bäume herum, überall
überall nur Kopfhörer in den Ohren
und atmende Wesen, gefesselt vor
kleinen Bildschirmen.

Endlich traf ich eine Entscheidung:
Ich gehe, um mit den Vögeln zu reden,
um bei ihnen zu verweilen, Gedichte vorzulesen,
ihnen zu lauschen.
Sie werden mir sicherlich
ein neues Zwitschern geben.

Wenn nicht die Vögel, wird der Wind
hören und mit den Jahreszeiten reden:
mit dem Schnee, mit dem Regen,

mit der Sonne; der Hagel wird
für mich in die Hände klatschen. Letztendlich,
wozu brauche ich dieses Getümmel voller Menschen …!

Übersetzerin aus dem Albanischen: Etleva Persch

Nikolaus Luttenfeldner

Buch und Regentropfen

Das Buch, das dich auswählt,
und der Regentropfen
auf dem Lindenblatt
vor deinem Fenster,
sie sind sich ähnlich –
Denn es kann dir geschehen,
dass in ihrer vollendeten Form
das ganze Weltgebäude
du gespiegelt findest.

Nikolaus Luttenfeldner

frieden

zwei staatsmänner
sprachen vom frieden
vom frieden
vom frieden
ich kann
ihre worte
kaum verstehen
im lärm der geschütze

Nikolaus Luttenfeldner

Generationen

Generationen kommen und gehen
in rascher Folge.
Ein Jahrhundert,
nur ein Augenblick.
Kaum, dass ich mich selbst erkannt,
bin auch ich dahin.
Werden jene, die nach mir kommen,
sich dieselben Fragen stellen,
die einst mich bewegten?

Nikolaus Luttenfeldner

Zerfallene Paläste

Rom, deine sieben Hügel
sahen den Glanz der Welt.
Deine Mauern erinnern sich
an die Triumphe.
Wo sind die Caesaren heute?
Sie wohnen nicht mehr
in den zerfallenen Palästen.
Ihr Lorbeer ist mit ihnen
in den Staub gesunken.
Die leeren Tempel waren
die Steinbrüche der Mönche.
Sic transit gloria mundi.
Bedenke, dass du sterben musst.

Nikolaus Luttenfeldner

Der Baum

Tief im Herzen
des unermesslichen Waldes,
auf einer verborgenen Lichtung,
so sagt man,
steht ein Baum,
mächtiger als alle anderen.
Seine Äste
scheinen nach der Sonne zu greifen
und Mond und Sterne zu berühren.
Seine Wurzeln reichen hinab
zu den tiefsten Mysterien.
Der Wind in seinen Zweigen
singt Lieder aus der alten Welt.
Wanderer, schätze dich glücklich,
wenn du die Lichtung finden darfst
und eine Frage frei hast
an die Schöpfung.

Nikolaus Luttenfeldner

Mondnacht

Der Mond
schickt seine Silberstrahlen
durch Zweige und Geäst,
die im Sommerwind
sich sachte regen,
als wär's ein Tanz
zu einer Melodie,
die der Nachthimmel singt.
Wer die Nacht durchstreift,
Tier oder Mensch,
kennt dieses Lied,
wie auch ich,
der ich umfangen bin
vom süßen Licht.

Nikolaus Luttenfeldner

Nebelpfade

Nebel ist heraufgezogen,
durchwebt die Nacht mit Silberschleiern.
Mein Weg führt hindurch.
Was mag sich darin verbergen?
Mich reizt der Gedanke:
Heut Nacht bin ich selbst
ein Nebelgeschöpf!

Nikolaus Luttenfeldner

Nebelpoesie für Hypochonder

Der Natur sag ich: Hab Dank,
der Nebel ist sehr schön!
Doch macht das Zeug bronchial mich krank,
drum möcht' ich nicht nach draußen gehn!

Nikolaus Luttenfeldner

Wellness-Ballade

Ich bin fit, und ich bin fesch,
bin sehr stark und auch sehr resch,
habe einen tollen Leib,
weil ich nämlich Sport betreib!

Ich bin muskulös und schön,
das kommt vom Jumping, Rafting,
Däumchendrehn!

Doch letztes Jahr der Bänderriss,
der war schon ein rechtes G'schiss.
Und später bin beim Lauf im Wald
ich gegen einen Baum geknallt.

Doch kein Opfer ist zu groß,
jetzt geht es erst richtig los!
Denn grade wenn es knirscht und kracht,
spür ich, wie Wellness glücklich macht!

Nikolaus Luttenfeldner

Tagebucheintrag eines Einzellers

Bin recht zufrieden mit der Welt.
Doch heute scheint es mir,
ich sollte grösser denken,
in neuen Dimensionen!
So plane ich für morgen,
was ich noch nie gewagt:
Zellteilung nennt man das!
Da wird die Mikrobe von nebenan
vor Neid erblassen!

Nikolaus Luttenfeldner

Die Schildkröte

In sich ruhend und bedächtig,
manchmal flinker als man meint.
Versteckt im Panzer,
wenn sich's draußen nicht lohnt –
ein kluges Tier, wie mir scheint!

Nikolaus Luttenfeldner

Advent-Problem

Ach komm doch
schneller hergezogen,
Weihnachten, du heil'ge Nacht!
Doch bist du
leider rasch entflogen –
drum komm nur langsam,
nah dich sacht!

Nikolaus Luttenfeldner

Fazit

Hohle Thesen, leere Phrasen,
die hektisch durch den Äther rasen;
Kommentare ohne Sinn,
derer ich überdrüssig bin.
Noch mehr Worte braucht es nicht –
nur die Natur ist ein Gedicht!

Henrike Hütter

Waldspaziergang

Wilde Tiere nur
ahnend, vorsichtig
gehe ich den Weg
in den Wald.
Wir kommen immer
tiefer ins duftende Grünbraun
der Wälder,
vorbei an Hasengras
und Brombeersträuchern,
es duftet immer stärker
und intensiver -
Johanniskraut am Wegrand,
verströmt
seinen schweren, beruhigenden
Duft, wie betäubt
werden die Schritte
leichter;
bald schon sind wir
am Stausee,
hier sind Menschen.

Henrike Hütter

Heimat

Flucht
aus einem wunderbaren Land
- die Heimat ist wunderbar.
Erinnerungen,
Familie,
Freunde,
Haus und Hof,
Palmen
- aufgegeben
für die Freiheit,
die Gerechtigkeit,
für ein Leben in
menschlicher Würde.
Flucht
in das Glück, in ein besseres Leben.

stubn und stetl

ich trete ein in die stubn,
doch der hahn kräht nicht
auf dem heu,
wenn sonntage aus dem gleichgewicht geraten.
ich trete aus dem stetl,
doch der wolf heult nicht
im fernen wald,
wenn dumpfe motorenwirren auftauchen.
ich treibe im fluss,
doch der abendstern blinkt nicht,
wenn der horizont aufprallt
an der geborstenen tür.
wie lichter in der dunkelheit,
wie ein mondstern
im halbschein der dämmerung:
können wir uns versöhnen
mit der unfertigen scheinhajt
der schöpfung,
die wir so leicht zerstören?
eben.

Herta Andresen

Hilflos

Zu viele Worte
die nichts sagen
nicht antworten
auf gestellte Fragen

nur nutzlose
hilflose Worte
sich wiederholende
bedeutungslose Gesten

vergebliche Versuche
Frieden zu schaffen
Worte fallen
ins Nichts

Herta Andresen

Veränderungen
können schmerzen
neue Besen
kehren bekanntlich gut
sich reduziert fühlen
ist eine neue Erfahrung
was bleibt
und was zählt
ist das Wesentliche

Herta Andresen

Theater

Wir spielen alle eine Rolle
in diesem großen Theater
sie mag nur klein sein
und doch sehr viel wichtiger
als die der großen Akteure
schwerwiegend im Großen Ganzen
tanzen die Puppen
wie die Motten im Licht
wir alle spielen mit
ob wir wollen oder nicht
unsere Rolle
ist uns auf den Leib geschrieben
so rollen wir dahin
bis wir fliegen lernen
irgendwann
kehren wir zurück
zu den Sternen

Herta Andresen

Danach

Nur noch Seele
die alles abgelegt hat
körperlos
nur noch Seele sein
angekommen
im ewigen Zuhause
im wunderschönen Garten
träumen zur Gesundung
ausruhen dürfen
in einem langen Schlaf
und erwachen
überall sein und sehen
All-umfassend fühlen
alles sein
mit Seelenaugen
verstehen
beraten im Kollektiv
ausgeruht und voller Energie
vielleicht schon bald
die nächste Reise planen

verstehen allein genügt nicht

Herta Andresen

Die Wand

Die schwarze Wand vor mir
möcht`ich bemalen
mit vielen bunten Farben

Ich heb` den Pinsel
steh` davor wie gelähmt
so soll`s nicht bleiben
das viele Schwarz
so undurchsichtig
und undurchdringlich
starr steh ich da
vor der hoffnungslosen
schwarzen Wand
fällt mir der Pinsel aus der Hand

Schwarz sind alle Farben

Herta Andresen

Zu schnell

Es geht zu schnell
das Leben
gerade eben noch
war alles wie immer
und jetzt ganz anders
und was sein wird
kommt schneller
als wir denken
und wir denken
das
hätten wir nicht gedacht

Herta Andresen

Der Irrtum

Egal was wir tun
oder lassen
das Lieben das Hassen
wir kriegen immer
alles zurück
das Böse
das Gleichgültige
das Gute
das Glück
ob wir wollen oder nicht
so ist das Gesetz des Lebens
wir ändern es nicht
versuchen vergebens
festzuhalten
zu ändern
das Wollen
oder das Ertragen
das Schweigen
die Wut
das nichts Sagen
das Erwarten
es wächst und gedeiht was wir säen
es entsteht unser eigener Garten
das Leben das wir uns gestalten
das wir
was für ein Irrtum
für das Schicksal halten

Herta Andresen

Begreifen

Heißt anfassen und berühren
sich damit befassen
spüren
wie es sich anfühlt
ob man will oder nicht
verstehen
geht nur mit Berührung
dabei sein
erleben
nah genug

Herta Andresen

Der Tanz

Was kommt auf uns zu?
Was wird morgen sein?
Wie wird es weitergehen?
„Immer voran", sagt der Teufel
Was denn sonst?
Du kannst nicht um die Ecke schauen!
Alles kommt wie`s kommt.
Und heute
wird getanzt!"

Kathrin Ganz

Regentag in Neuenburg

Anfangs Mai.
Dauerregen fällt.
Im traumhaften Neuenburg schmucke,
verwinkelte Strassen zwischen sandfarbenen Häusern.
Eine Gedenktafel erinnert
an den Besuch von Francois Mitterand.
Der See schlägt an die Ufermauer und
löst den angespannten Blick auf
in Ruhe, Weite und Natur.
Die Bistrostühle stehen verdrossen und zufällig
vor den Cafés.
Wir sehnen uns den Sommer herbei.
Du erzählst mir etwas Trauriges.
Im Café bleibst du still.
Draussen peitscht der Regen ans Fenster
und zeichnet deinen Namen
als flüchtiges Muster an die Scheibe.
Kühle Stille begleitet mich nach Hause.
Dein weiches Herz fehlt mir sehr.

Kathrin Ganz

Paristräume

Morgen fahren wir in die Grossstadt,
suchen nach Büchern in riesigen, mehrstöckigen Gebäuden.
Paris lockt.
Lärmige Boulevards,
friedliches Milchkaffeetrinken in unvergänglichen Bistros.
Impressionistische Bilder im Musee d'Orsay,
keine Hetze mehr.
Eintauchen in stille und langatmige Gemälde.

Kathrin Ganz

Der Tag ist ein Traum

Die Schwestern weinen in ihren verlassenen Zimmern.
Die Tage neigen sich immer wieder
den kühlenden Abendstunden zu,
den Tiefen der dunklen, ruhigen Nacht.
Die jungen Blumen berühren mich zart,
ich lege den Mond in deine sanften Hände
und möchte dein Herz öffnen
für das Strahlen und Leuchten der Sonne.
Du antwortest mir nur selten,
spielst mit den Kindern am Fluss,
besänftigst sie mit deinen Worten
und ich schweige neben dir

Kathrin Ganz

Septembertage

Ich gehe den kalten Fluss entlang,
spüre die Verwesung der Natur in der Luft.
Die noch grünen Blätter hängen müde an den Bäumen.
Noch letzte Augustblumen in den Gärten.
Der Sommer hält sich zurück.
Ich friere wie die in den Gärten verbliebenen Blumen
und weine wie der angekündigte Regen.
Vom Balkon aus betrachte ich die wenigen Spaziergänger
in der septemberlichen Allee.

Angela Hilde Timm

Pflicht vergessen

Pflichtvergessen
genieße ich diesen
September Nachmittag.

Blau der Himmel.
Federwolken im Himmelblau.
Ein Flugzeug zieht
einen weißen Streifen
durch das Blau.

Wasser. Keinen Wein.
Bin schon trunken von
diesem Sonntag im Herzen.

Kleine Falter genießen –
wie ich –
die letzten warmen Tage
im Norden:
barfüßig, mit Sonne im Gesicht
und unsortiert,
wie dieses Gedicht.

Angela Hilde Timm, Marko Ferst

Im Abendlicht,
die Linde

Äpfel bald rot meliert
Wiesen mit Bäumen
ein Abendhauch
streicht durchs
Ährenmeer
grau-gelber Staub

Und wieder
orange die Eberesche
vor blauem Firmament
zum Mittag flimmerte
noch die Hitze
summten letzte Bienen
durchs Lindengezweig
Erntezeit

Herbstabend, warm
der Gesang der Grillen
in meinem Gemüt
Wolkentreiben
Orange und Blau:
ein feiner Streif
wie jene Botschaft
biblischer Spur

Gerhard J.S. Bunk

Morgenstimmung 2

Sonnenuntergang rührt Gefühle,
lässt staunen und träumen,
die farbige Weite der Schöpfung ahnen.

Die Zeit vor dem Morgen gehört mir:
Ruhe fühlen, die Seele hören,
schattenlose Stille.

Noch gleitet das Licht durch die Tiefe,
doch blasses Dämmern malt schon
verschwimmende Konturen.

Horizonte öffnen sich zu Meeren,
Graues wird Gestalt, beginnt zu leben,
farbkräftig, unaufhaltsam
Licht und Wärme verströmend -
Melodien weiten den unendlichen Raum.

Ein kurzer Akt, der
kaum eröffnet, schon vorbei:
Impuls für neues Leben.

Gerhard J.S. Bunk

Die Welt von Covid überrollt

(Ostern 2020)

Leichensäcke im Fernsehbild
Politik-Experten diskutieren wild
während das Virus Leben killt.

Fachleute raten: Bleibe daheim!
Das Herz findet dazu keinen Reim.
Kultur und Sport jetzt abgesetzt
glücklich, wer über WhatsApp vernetzt.

Im Supermarkt fehlt Klopapier
die Käufer horten aus lauter Gier -
mancher übt jetzt wieder Klavier.

Terminkalender - übrig und leer
die Hand zum Schreiben wiegt schwer.
Enkel und Freunde so unendlich fern
ich hätte sie in der Nähe gern.

Gerhard J.S. Bunk

Ohne Macht

Ohnmacht lähmt den Westen
als Russland die Krim annektiert
und Diplomatie ihre Unschuld verliert.

Boko Haram verschleppt in Nigeria
christliche Mädchen und die Welt
schaut fassungslos weg.

Heiliger Zorn verführt junge Männer
aus Europa in ferne Kriege
auf der Suche nach Omnipotenz.

Faschistischer Terror im Namen Allahs
treibt die Wähler nach rechts,
wo er immer schon Heimat fand.

Fasziniert von Natur-Katastrophen
und Menschen-Versagen vergessen wir
schnell das entfernte Leid.

Gnadenlos trifft mich die
tödliche Krankheit des Freundes,
die jede Hoffnung begräbt.

Reinhard Lehmitz

Oft fehlen fast die Worte

Worte werden geboren
Sie wollen bewegen
Die Hoffnung prägt das Sein
des engagiert Schreibenden
Es gibt viel zu sagen
über unsere Welt
über den Frieden
und über den Krieg
über Gerechtigkeit
und über Ungerechtigkeit
über Verantwortung
und Verantwortungslosigkeit
über herzzerreißende Armut
und ekelhaften Reichtum
über mörderische Tyrannen
und selbstlose Helden
Auch über die Liebe
und deren Anfälligkeit
über die Träume
und die Illusionen
über das Vertrauen
und die Enttäuschung
über die naive Kindheit
und oft das böse Erwachen
über leidende Kinder
und deren Hilferufe
über Tiere und Pflanzen
und deren stumme Schreie
Über das Gute zu schreiben
bringt große Befriedigung
Unfassbares macht sprachlos
Gegensätze als Herausforderung
Die Schreibfeder will festhalten
Oftmals erglüht sie sogar
Manchmal scheint sie zu streiken
wenn die Worte einfach fehlen

250

Reinhard Lehmitz

Ein etwas anderes Liebesgedicht

Wenn du mir Worte schenken möchtest
die ich mir so sehr von dir gewünscht habe
dann schenke sie mir bitte unverhüllt
Ganz nackt sollen sie sein
ohne beschönigendes Geschenkpapier
Nacktheit hat etwas mit Ehrlichkeit zu tun
Man zeigt sich nur in seiner Nacktheit
wenn man sein Inneres aufrichtig offenbart
Ich wünsche mir deine Worte zu empfangen
so wie sie deiner Seele entspringen

Umhülle sie nur mit deinem Atem
Streichel sie noch einmal mit deiner Zärtlichkeit
bevor du mit ihnen auf die Reise gehst
In einem kannst du dir ganz sicher sein
Ich werde auf dem Bahnsteig stehen
um sie erwartungsvoll von dir zu empfangen
Du musst keine Angst haben
dass der Zug Verspätung haben könnte
Auf diesen Zug werde ich warten
solange mein Blut in Bewegung ist

Reinhard Lehmitz

Haikus - Kastanien im Herbst

Die Blätter jetzt braun
Braun auch die glatten Samen
Kastanienherbst

Geplatzte Kapsel
einer Kastanienfrucht
Oh - Mit drei Samen

Schon bei leichtem Wind
fallen die Kastanien
lautstark zu Boden

Kinder basteln gern
aus Kastaniensamen
hübsche Figuren

Die stacheligen
Früchte der Kastanie
innen zunächst weiß

Die Kastanien
zu einem Forstamt bringen
Gutes Tierfutter

Flinke Eichhörnchen
oft in Esskastanien
Maronen locken

Letztes Aufbäumen
Kastanie blüht im Herbst
Ihr geht es sehr schlecht

Reinhard Lehmitz

Haikus - Heuernte

Saftige Wiesen
Die Holzgestelle für die
Heuschober im Bau

Heu machen am Hang
mit Heugabel und Rechen
Da wird viel geschwitzt

Die Wiesen blühen
Jetzt ist die richtige Zeit
für die erste Mahd

Es duftet herrlich
unter dem Heubodendach
So viel Kräutertee

Weniger Arbeit
Heuernte voll maschinell
Zeit für Anderes

Als Quader und rund
Heuballen in der Landschaft
Futter gesichert

Mehr und mehr im Trend
Urlaub in Heuherbergen
Duftes Erlebnis

Heu wird gewendet
Irrer Duft in der Landschaft
Seelentherapie

Reinhard Lehmitz

Nach Frieden sehnen

Die Menschen erhoffen sich
vom Glauben daran getragen
auf ewig friedliche Zeiten
In der Realität werden sie
leider immer wieder enttäuscht

Wir dürfen es nicht vergessen
Gegen den Krieg zu sein ist
nach dem Ausbruch viel zu spät
Aus gebeugter Haltung dauert
dann dass Aufrichten sehr lange

Gegen den Krieg zu sein
ist ein erhebendes Dasein
Der Krieg fürchtet ihn sehr
den mutigen aufrechten Gang
Verlieren wir niemals den Mut

Reinhard Lehmitz

Irrsinnige Realität

Es ist Krieg
in unserer Welt
Schlachthäuser
Leichenberge
Viel rotes Blut
in Mutter Erde
Der Mensch
die Krone (?)
der Schöpfung
legt Hand an sich
Wesen des Übergangs?
Oder doch ein Unfall
im Universum?

Reinhard Lehmitz

Gedichte einpflanzen

> *In Anlehnung an „Wintergarten"*
> *von Erich Fried*

Meine schönsten Gedichte
habe ich sorgfältig eingepflanzt
in vielfarbige Blumentöpfe
Ich werde sie täglich begießen
damit sie Wurzeln schlagen
Vielleicht erwachsen jetzt noch
vielfältige neue lyrische Triebe
Das hätte ich früher tun sollen
nicht erst im höheren Alter

Reinhard Lehmitz

Macht und Gier

So war es und so ist es und so wird es immer sein
In der Geschichte hat der Mensch millionfach gemordet
Macht und Gier sind die Zeitzünder der Kriegslunte
Das Kanonenfutter verlor unzählbar das kostbare Leben
Viele die wenig hatten verloren auch noch das Letzte
Die Kriegsgewinnler feierten ihre Macht und die Gier
Ihre Paradeplätze waren dicht mit Leichen gepflastert
Schon bald erwachte sie erneut die Gier nach noch mehr
Die totale Selbstvernichtung blieb bisher immer noch aus
Dann wäre es aus mit der unbändigen Sucht nach Macht
Das können die Macht und die Gier einfach nicht zulassen
um den Preis der erneuten brutalen Massenabschlachtungen
So bleibt der ewige Krieg und damit das ewige Kriegsverbrechen
Daran wird auch der aufgeklärte Mensch nichts ändern können
Homo sapiens ist Ergebnis eines schweren Unfall bei der Schöpfung
Ob Gott versagt hat oder Spielarten des Kosmos ist belanglos
Die einzige Hoffnung für das Leben ist und bleibt immer
dass wir Wesen eines evolutionären Übergangsstadiums sind
Mögen Hoimar von Ditfurth´s Visionen wahr werden

Zitat von Hoimar von Ditfurth

*„Ich wüsste nicht, wie wir jemals Aussicht darauf
haben könnten, unserer Historie den Charakter einer
Schlachthauschronik zu nehmen, wenn wir es nicht
fertig bringen sollten, unsere Feinde zu lieben, was
wir angesichts der Werkzeuge, deren sich die Schlächter
heutzutage bedienen können, nicht mehr allzulange
werden hinausschieben dürfen. "*

Reinhard Lehmitz

Trend der Zeit

Eine Reise im ICE

Reist man mit der Bahn durchs Land
um zu besuchen liebenswerte Ziele
Große Freude liegt da auf der Hand
Man will sich treffen in Familie
Da ist viel Zeit ein Buch zu lesen
Wann hat man sonst schon diese Muße
Spannend ist wo man gerade gewesen
Es kommt oftmals ein „Gott zum Gruße"
Besonders wenn sie scheint die Sonne
bringen Blicke aus dem Fenster Glück
Natur zu sehen ist eine wahre Wonne
Landschaftsfotos dann Stück für Stück
Es bleibt nicht aus auf langen Fahrten
ein kurzer Spaziergang zum WC
Und auf dem Weg wie zu erwarten
der Blick nach links und rechts im ICE
Es beginnt ein wahrlich großes Staunen
Fast alle haben Technik vorm Gesicht
Mit Fingern und auch ihren Daumen
schreiben sie wohl sicher kein Gedicht
Völlig vertieft ins grenzenlose Internet
Manchmal sieht man auch ein Lächeln
Sie sind in einem großen Himmelbett
Fehlt nur noch ein erregtes Hecheln
Ob Handy Tablet oder auch Smartphone
Fast alle haben den Liebling in Betrieb
Hin und wieder hört man auch den Ton
Nicht immer ist es dann ein schönes Lied
So ändert sich da wohl die Reisekultur
Bücher lesen und Fensterblicke sind tabu
Modetrends kommen eben in die Spur
Ja was sagt der Altmodische nun dazu

Das ist ein Trend in der neuen Zeit
Stetig lockt die Dauerkommunikation
Man nennt den Trend auch Abhängigkeit
Eine wirklich sehr auffällige Situation

Walter Prinz

Geheimer Wunsch

mit weisser Tinte wurde eine Bitte
in die Wolke geschrieben
als sie abgedampft war
blieb eine Fensterscheibe zurück
von beiden Seiten beschlagen
der Windstoss schleuderte
einen Stein dagegen
auf jeder Scherbe stand
der Bruchteil einer Frage
und auf deren Rückseite
der Ansatz einer Lösung
beim zusammensetzen
bluteten die Finger
so dass die Unterschrift
unleserlich blieb

Natalie Innerbichler

Wenn mein Glück
kein Glück mehr ist
will meine Traurigkeit
traurig sein
aber meine Sehnsucht
sehnt sich noch immer
und mein Verstehen
kann wachsen
und die Liebe
gedeihen.

Natalie Innerbichler

Mit dir
Nicht jammern
Kein Weh und Ach
Leben
Atmen
Vergessen

Natalie Innerbichler

Zu schön
für die Wahrheit
lass dich blenden -
Lass mich blenden.

Natalie Innerbichler

In deiner Nähe
Schreibe ich nicht
Ich strecke die Hand aus
Suche
Streichle
Höre zu
Und schmiege mich an dich.

Natalie Innerbichler

Ich laufe
Um mein Leben
Ohne Angst
Lebens-Lauf

Natalie Innerbichler

Ich schreibe meist
auf Papier ganz leicht
was sich in mir regt
was so in mir bebt
hier fehlen die Worte
ich hab keine Worte
die nach draußen wollen
nur Gedanken die rollen
alles was ich sagen kann
ist nicht nah genug dran

Helmut Martens

Sternschnuppen

Andächtiges Staunen Schwarm der Perseiden
Sternschnuppen in milder Spätsommernacht
Wünsche werden wahr und gewinnen Macht
wenn sie verglühen und wir sie beschweigen
Über Wünsche und Träume spricht man nicht
als wir klein waren hat man uns das so gesagt
Wir mögen träumen von unserem Glück im Leben
hell aufscheinend flüchtiges Licht ehe es tagt.
Nur eine sah ich grad noch verglühen
in der Nacht vom kalten Stadtlicht erhellt
träumte vom Licht einer besseren Welt
um die wir uns endlich gemeinsam bemühen
Wenn wir unsere Träume miteinander teilen
so vielleicht erkennen was uns möglich wäre
zusammenhandelnd bei aller Erdenschwere
statt für uns und sehr flüchtig hier zu verweilen

Helmut Martens

Die Revolte leben

Ja es gibt solche Orte
wo der Geist stirbt
um der Wahrheit willen
die ihn verneint

Oder die mögliche Zukunft
die das imaginiert
während ich Gründe suche
dass wir uns behaupten

Zukunft und Ziele schaffen
aus wacher Erinnerung
unvollendet das Werk doch
stets uns neu aufgegeben

Der wahre Pessimismus
revoltiert gegen alle
Niederträchtigkeiten und
nihilistische Resignation

Und so können wir leben
auf hohem Meer
und *bedroht im Herzen*
des Glücks unserer Welt

Helmut Martens

Abendspaziergang

Im warmen Frühlingsabendsonnenschein
gedankenverloren meines Weges gehen
einfach abschalten, ausruhen ganz bei mir sein –
Doch am Straßenrand Bilder, nicht zu übersehen.

Die Gesichter vermeintlicher MacherInnen,
rigoros lächelnd für ihr „Weiter so" ... oder so?
Und darunter Worthülsen, fast austauschbar,
die den Streit um die Mitte eher verdecken.

Krisen in unübersichtlich gewordenem Gelände.
Mit den bitteren Wahrheiten tun sie sich schwer.
Zukunftsversprechen für uns gibt's schon eher
wenn Gewissheiten wanken in der Zeitenwende.

In die Interessen und Zwänge der Zeit verstrickt
und so eher getrieben als handelnd frei
plakatieren sie uns, den Bürgern, souverän
kleinere oder größere Übel zur Wahl.

Gerate, wie ich so durch die Straßen ziehe
gegen meinen Wunsch nach etwas Besinnlichkeit
zurück ins Getriebe der kriselnden Demokratie:
schlafwandelnde Eliten, ihr Wahlvolk, unruhige Zeit.

Und plötzlich tritt mir ganz klar vor Augen:
das hier wird zunehmend ein großes Ritual.
Alle vier Jahre macht man uns glauben,
es ginge wirklich noch um eine Wahl

zwischen echten Alternativen, die man
gedanklich erarbeiten müsste, ehe dann
dem Denken ein Handeln zu folgen vermag,
das wirklich gestalten will, hinaus über den Tag.

Wollte entspannt nur wenig schlendern
und das Elend der Welt darüber vergessen.
Doch das gelingt nicht, und ich bemerke stattdessen:
Nur unser *Selbertun* kann hier noch was ändern.

Helmut Martens

Was uns möglich ist

Die Last und die Lust dieses Lebens in seiner absurden Endlichkeit
gestalten, ausschöpfen und feiern als Teil jener Menge der Vielen,
in einer *Hochzeit des Lichts* all seinen Reichtum erfahren und fühlen
und sie so glücklich leben unsere *kleine menschliche Ewigkeit*.

Ja das wäre uns möglich, könnten wir endlich verständig begreifen
unsere Freiheit und Abhängigkeit. Wir entgehen ihm nicht, dem Leben,
den Bedingungen, die die Natur ihm setzt. Und so haben wir eben
vor uns, glücklicher Sisyphos, einen Raum mit so vielen Möglichkeiten.

Gerard J. Duerschke

Postheroisches Pathos

"Nel vostro fiato son le mie parole"
(In eurem Atem bildet sich mein Wort - Michelangelo Buonarotti)

1.

Das digitale Manifest der neuen Internet-Kultur
Wenn Brüche Freiräume erdichten im leeren Raum
In komplexen Umgebungen mit numerischer List
Einer Nostalgie in totalen neuen Pathos Zeiten
Das Suchen und Finden der Form einer Identität
In der Hinwendung zum digital-binaren Ursprung
Einer neuen Zuschreibung von Wort und Zeichen
Im totemschen Impuls morphologischer Analogien
In Bildprojektionen auf der Höhe der Zeitzeiten

Die Neuvermessung der Welt in ihren alten Räumen
Eine neue Ordnung der Dinge jenseits der Natur
Schlag auf Schlag begleiten uns tiefe Herzklopfen
Im Weltgetriebe die stummen Ängste des fragilen Egos
Deutschland ein digital postheroisches Heldentum
Einer Mythologie mit der Essenz des Schreckens
Im Blick unserer Zeit ins Trauma im Morgengrauen
Der dunklen Schatten als Insigne *Deutscher Angst*
Das Abseitige im Jenseitigen der gestundenen Zeit
Hundert Jahre Todeskult – Hundert Jahre Einsamkeit

Ein Weltentwurf im Integral der Künstlichen Intelligenz
Milliarden von Daten in Algorithmen werden aggregiert
Algorithmen simulieren die Elemente des Fiktionalen
Um das Vergangene zum unendlichen Leben zu kreieren
Die Fenster in die Vergangenheit der Toten zu öffnen
In surrealer Leere die Stimme Gottes einer anderen Zeit
Eine Wiederbelebung der Toten zum trügerischen Leben
Die Verlebendigung des Vergangenen des eigenen Seins

Es ist das Schweigen der vielen Worte, die Im Text fehlen
Die ungeschriebenen Wörter im Schweigen der Geschichte
Worte stehen nicht für sich allein im zeitlichen Raum
Ungesagt bleibt das Schweigen zwischen den Leerstellen
Das Nichts ist die Nichtigkeit leerer numerischer Wörter
Fehlende Worte füllen Seiten in den Zeiten des Schweigens
Ihre Bedeutung ergibt sich aus dem Kontext mentaler Bilder
Der leere Raum des Schweigens der Ort des Ungesagten

2.

Es ist gekommen die Zeit des lyrisch fiktionalen Pathos
In der Jetztzeit nicht kontrollierbarer Realitätsbrüche
Einer offenen Perspektive autofiktionaler Heldenliebe
Auf Haupt- und Nebenwegen der verlebten Lebenszeit
Die Bewegung der Dichter die in Gräbern Verse dichten
Ein Massengrab von Büchern in einer Weltbibliothek
Und das Ich bringt die Denkbewegung in das Schicksal
Der Geworfenheit unserer Existenzen über Abgründe

Wer bin ich und wie viele bin ich in meinem Ich
im Rausch der surrealen Quadratur des Kreises
Ein digitaler Tristan vernetzter Texte in Texten
Und die Melancholie treibt im Wind des Kreises
Ein Technodämon im Vermächtnis der Gegenwart
Experimenteller Poesie der neuen Technokultur
Waghalsig irgendwo im neuen Pathos-Denkwesen
Das poetische digital vernetzte eigene Selbst

Eine *Legenda Aurea* im menschlichen Versepos
Von der Erde Mutter erwählte sündige Helden
Ein postheroisches Heldentum multipler Künste
Zur Überwindung kultureller Grenzen der Zeit
Die Performances im polarisierten Lebensraum
Der Natur des Menschen Wesen Kunstgeschichte

Der Totemismus im Wesen vom Menschen und Tier
Die Idee im Sinn des Analogismus liegt der Vergleich

266

Der Naturalismus im Wesen Mensch und Pflanze
Im biomorphen Mischwesen das Kunstobjekt Mensch
Im Rausch des Hybriden aller Arten Unterschiede
Zwischen dem reinen Gefühl und dem Verstand
In einer Form Erotomanen Interaktion der Existenzen
Die Dichter geben zurück den Tieren das eigene Wort
Im Kunstwerk eine mephistophelische Idee der Textur
Verformt xenomorph alles Elende ins Schwebende
Das multiplexe Überleben und Sterben in der Natur
Wenn Leben und Tod enden im schwebenden Nichts
Das reale Sterben in abstraktem Schleier der Illusion
In wortloser Übereinkunft mit unserem kurzen Leben
Zu Staub zerfallen werden wir alle Unvergänglich
Außerhalb der Wirklichkeit – in der Sterne Kreislauf
„Mein Staub wird sein, was ich bin im ewigen Sein"
Bedeckt mit Staub unsere abgeschlossene Existenz

3.

Die Liebe zu einer vernebelten Zeit der Verwandlung
Digitale Simulationen erzeugen alternative Wahrheiten
Das Faktum und die Fiktion ein Privileg der Dichtung
Die Wahrheit von der Wirklichkeit und von der Kunst
Eine poetische Verwandlung als digitalisierte Utopie
Das Postmoderne Theorem für Formen und Verformen
Die Theorie für den fehlenden Sinn einer Offenbarung

Poetik einer elegischen Lyrik vom Verlust der Erde
Ein Niedergang Szenario der Conditio Humana
Texte über Texte auf dem Weg zur neuen *Mystifikation*
Der Dichtung Einbruch über das unmittelbare Reale
Wörter über die Zeilengrenzen hinweg geschrieben
Die Jagd nach dem fliehenden Speer des Schicksals
Alle wünschen sich geistlos immer mehr von allem
Das Schreiben und die Inhalte werden entmaterialisiert
Literatura eine kostenlose Kunst am Zeitenwendepunkt
Eine Utopie der postmodernen elektronischen Kunst

267

Die Digitalisierung einer Utopie der Post-Wahrheiten
Einer Umwandlung der Welt weg von Beständigkeiten
Die Kollision der Inhalte auf der falschen Seite im Sein
Ein neuer Dämon der Geschichte auf die Sicht der Dinge
Post-Wahrheit wandelt sich in eine Post-heroische Zeit
In der alltäglichen Realität im Spiegel des Untrennbaren
Denn nur Wunden die man in sich trägt können uns heilen
Mit dem im zwanghaften Dauerschmerz zu Schreiben
Aus der Qual der Erlösung die Kunst der Inszenierung

Allem liegt irgendwas zugrunde auch in fernen Galaxien
Liebhaber der Dichtung leben auf einem anderen Stern
Sowie Led-Schriftzüge am Himmel im luftigen Raum
Das Gedicht in Schrift gemacht von Gott in sieben Tagen
Ein Zeitquell der endlosen Jahreszeiten der Ewigkeit
Selbst bin ich einer dem Limbus der Vorväter gemein
Nichts als ein Windhauch vom Jupiter Himmel kommend
Meine Dichtung besteht aus einem einzigen Gedanken
Nichts als Wortreihen von Wörtern im dichten Wortgewebe
Von den Planeten vorgegebener Kreisformen der Zeiten
Es gibt keine Gewissheit, dass noch der morgige Tag
Wie der heutige sein wird und der wie der gestrige war
Sterbende Monde wachsen und vergehen jede Nacht
Es gibt keine Gewissheit für die Zeit der Erwartung

4.

Mit der Geworfenheit des Seins in unbekannte Ferne
Die Überblendung von Gestern im Überspringen der Zeit
Im Sturz in ein dunkles Ich in die Welten Bipolarität
In Monaden von Leibnitz unendlich vielen Universen
Zerbrechen wir an der Zerrbrechung der zweiten Realität
Ein aus anderen Wesen zusammengesetztes Wesen
*Fama monstrum horrendum inge*s – eines Visio Tundalis

In Plotins Enneaden sein *jedes Ding ist alle Dinge*
Jeder Stern ist alle Sterne – sind keine *Capriccios*
Nur ein *Opus Magnum* der Metapher Übertragung

268

Der keltische Dichter Taliesin im Universum selbst
Ein Fluss, ein Stern, ein Licht und ein Wort wahr
Man glaubt die Dinge sind Projektionen der Dinge
Dorthin wo der Mond schweigt im leisen Schreiten
Eine Allegorie der Umkehr des Vorangegangenen
Durch die Nacht die eine Kunst der Erfindung sei

Die Dinge sind, wie sie sind in uns wie präexistent
Jeden Tag stellt sich der Unglückliche vor das Glück
In dieses *Oxymoron* der glückhaften Seins-Fiktionen
Der Mensch von Gestern ist nicht der von Heute
Im Blickt des *Eternas Schein* in ferne Illusionen
Der Mensch von heute ist nicht mehr der von morgen
Heraklits Fluss verändert jeden unserer neuen Tage
Bewegte Luft nennen wir Wind der vom Fluss weht
Nietzsches Mond ein Mönch der auf die Erde blickt
Im Spiegel der Zeit in goldenen späten Mondphasen

Der Zwang des Reims ist jenseits seiner Bedeutung
Wie das grüne Licht der Wiesen und Felder im Frühling
Und das gehen durch die Schatten in einsamer Nacht
Das Entdecken und Erfinden aus dem Ich-Erinnern
Verzaubert „*Dies leichte geflügelte und heilige Ding*"
Aus Platons Definition der Dichtung in epischen Versen

Viele verzauberte Geister befinden sich in der Bibliothek
Im Palazzo Bardi vermählte sich Beatrice Portinari
Nicht mit Dante Alighieri sondern mit dem Sohn der Bardi
Die Liebe ist wie der Zusammenfluss entfernter Meere
In Stunden als wir uns liebten um uns an uns zu ergötzen
O, *Alma Venturosa* glückliche Seele aus der Seufzer Zeit
Mit dem Geist Beatrices auf Florentinischen Plätzen

5.

Dante hat uns in Terzinen den umgedrehten Berg der Hölle
Die Terrassen im Fegefeuer und das Lichtparadies gezeigt
Das Leben der Sünder, der Bußfertigen und der Gerechten
Im Lärm der Finsternis umgeben Klagelaute das Weltgericht
Die Klagen Dante Alighieris sein Versmaß im Gedicht
Der Vers immer ein Tonfall ehe er zu Schriftkunst wurde
Zum Gesang und zum Lied der Lieder im Buch der Welt
Im Epos ist die Zeit der ursprünglichen Wurzel der Dichtung
Der Ära epischer Zeit im Vorher, Während, Später im Sein
Ein Experiment mit der Zeit unserer persönlichen Ewigkeit

Wir sind aus dem gleichen Stoff wie unsere Träume
Die Seele befreit vom Körper gibt sich den Träumen hin
Im Traum erfinden wir mit Leichtigkeit das lyrische Wort
Der Traum sei eine besondere Art im dichterischen Werk
Die ganze Weltgeschichte in einem einzigen Moment
Ein Traumlabyrinth in ihren unmittelbaren Ewigkeiten
Ewigkeit eine Episode im weitläufigen kosmischen Sein
Wie die Weltgeschichte im Sein des Kosmos enthalten

In der Mitte der Nacht besuchen uns dunkle Träume
Ephialtes der griechische Dämon der Nacht - Mahr
Der die Schlafenden bedrückt und ihnen Albträume eingibt
Der Dämon trägt den schwarz – blauen Namen Mara
Und jede Nacht gebiert der Nachtmahr neue Ungeheuer
Albtraumwelten mit Schreckenswesen des Leviatans
Die schwarze Kunst das Schauspiel des Ungewissen
Heraklit von Ephesus sagte alles brennt, alles sei Feuer
Die Seelen, die Dinge stecken in lichterlohen Flammen
Eine poetische Transmigration der Seele im Grauen
Der unendlichen Zeit in dunkler Nacht unter den Sternen
Alb –Träume wie Echos innerhalb von Ich –Träumen
Metaphoren confabulatores nocturni der Traumatologie

Die Elegie ein Gedicht über den Tod des Menschen
Das Leben ist nur ein Schein – Ein heller Mond im Zwielicht
Im langwierigen kosmologischen Traum der Illusionen

270

Und nur der Spiegel verdoppelt der Dinge im Anschein
Der Spiegel die sichtbare Verzweigung der Scheinwelt
Im Schatten des Schattens seiner Illusion zweiten Grades
In der Scheinwelt ein dunkler Schein der Wirklichkeit
Wir träumen bis wir in ihm Erwecken um zu Erleuchten
Und erst in unserem Tod erwachen wir ins wahre Leben

6.

Von Kalliope im Epos der Tragödie Eratos Liebeslieder
Die Elegie der traurigen Stille in den Abgründen der Welt
Das Hässliche wird schön – das Schöne wird hässlich
Die Stille erscheint losgelöst in der Täuschung der Welt
Wie losgelöste Wörter im Dauerfeuer von Wendungen
Im Klang der Stille der Zerfall am Ende der Bedeutung
Todesmutig wandelnd auf der Grenze der Lebensmüdigkeit
Einer umnachteten Passion in apokalyptischer Stimmung
Das Trauma des Magischen in der geworfenen Fügung

In der Stunde X ist der Mensch des Menschen ein Feind
Ein Topos der apokalyptischen Bibel der Natur
So menschlich die Bestien, wie bestialisch der Mensch
Der Philosopheme Schmerzpathos des Schicksals
In den Untiefen des Seins in toxischen Chaos Zeiten
Der Kriegsgott gegen die schuldige Menschheit
Eine Coincidentia Oppositorum der Phänomenologie
Der kollektiv ererbten Schuld im Seinsbewusstsein

Der Krieg eine Topographie des grausamen Todes
Als Kunstwerk der Hölle im gemeinen Ausgeliefertsein
Das „Credo - Frieden schaffen mit immer mehr Waffen"
Im Kugelhagel sitzen wir alle im tiefen Schützengraben
Und das ganze Weltgebäude wie eine bilderlose Leere
In einem Bahnhofwartesaal eines unbekannten Landes
Asylsuchende mit Alles oder Nichts tiefen Schmerzen
Gegen den Krieg fordern den Frieden und den Sieg
Pathos in Autofiktionen mit einem Stich im Herzen
In der Euphorie der Verzweiflung im letzten Jetzt der Zeit

Syntax ein Bestiarium kriegsgeschundener Menschen
Das Sein und das Nichts, in Sartres Bedrohungslage
Synopsis einer dystopischen Vision isolierter Menschen
Mental am Boden „*Auf-sich-selbst-geworfen-sein*"
Eine Dekonstruktion vom Ich in unserem realen Selbst
Die Exit Frage – das abgerufen sein von Gott und Natur
Über das bloße Nach-Denken hinaus über das Sein
Ein Theorem aus dem Ursprung des Zusammenhalts
Völlig bei sich selbst im Pathos vor dem absoluten Nichts
Im Heroismus totaler Avantgarden der letzten Generation
Der Krieg geführt mit dem Universum vom Wahn der Welt
Die Geschichte ein Echo aus der fernen Vergangenheit
Nimmt kein Ende in schweigender Wirklichkeit Widerhall

7.

Es sind die Mauern der Zeit die uns einander trennen
Worte wie Orte, von Wort zu Wort, von Ort zu Ort
Worte, die sterben und Worte, die immer wiederkehren
Aus der weiten Ferne zum ersehnten Ausgangspunkt
Wir sind aus Worten gemacht mit Worten aus dem Ich
Von Michelangelos – „*Nel vostro fiato son le mie parole*"
Lyrisch poetisch – „*In eurem Atem bildet sich mein Wort*"
Sowie elegisch – „*In meine Worte weht dein Atem ein*"
Die Wiederentdeckung des ursprünglichen Selbst im Ich

Elegiengedichte Homers begraben im Mythos des Seins
Das einsame Ich in Daseinsspuren am Ende aller Dinge
Entspringt wie ein poetisch lyrischer Funken des Geistes
Die Seele der Sprache aus der Innerlichkeit des Ich's
Eichendorfs „*Als hätte der Himmel die Erde still geküsst*"
In der Ich Perspektive, in der Nähe des eigenen Daseins

In der Dämmerung auf einer Wiese liegend
Pathetisch eine Episode in freier Welten Natur
Die Ekstase des Magischen im Lebensglück
Selbstverliebt im Pathos der Liebe zum Sein
Im lichterfüllenden tiefen Sonnenuntergang
In verströmender Ruhe im kosmischen Schein

Die befreite Zunge im Rausch der Poesie
Der innen wohnende Atem trägt mein Herz
Aus deiner Kehle strömt dein heißer Atem
Dein Leib erhebt sich von der Erdenschwere
Die Seele losgetrennt im Atem vom Leib
Erhebt sich mit dem Strom der Leichtigkeit
In deinem Atem singt deine Zunge mein Lied
Die Stunde flieht im Atemrausch der Zeit

Der Mann ist wie ein Heros, er will den Weltenfrieden
In aufblühenden Hoffnungen im feuertrunkenen Sonnenlicht
Der Mann des Wortes will befrieden, er will befriedet Werden
Der Mann will Frieden berauscht von flirrender Sonne
Liebestrunken die Feuerfahrt des Prometheus zum Menschen
Denn wenn Schönheit überflüssig ist und keinen Nutzen hat
Ein Mann vom Nichts im Gefühl zum Schönen hingezogen
Und nur der Tod verleiht der Schönheit jene Ewigkeit
Die Kunst wird zum Weltenschmerz gegen die Schönheit

8.

Nietzsche sagte uns: „Irren wir nicht durch einen leeren Raum
In ein unendliches Nichts". Ein metaphysischer X-Faktor
Wie ein halluzinatorischer Monolog eines suchenden Geistes
Intrinsisch sind wir getrieben im endlichen Selbst das Wesen
Der Unendlichkeit im wissenden Unterbewusstsein zu erkennen
Nitzsche fragt uns: Irren wir nicht durch ein menschliches Nichts
Haucht uns nicht die Leere des unendlichen Raums an?

Der Mensch im Zentrum des Universums im Licht der Leere
Eine irrationale Sehnsucht zur Überwindung des Nichts
Dem irdischen Prinzip der Welteinsamkeit im Feuer des Lichts
Der Geist umformt schwerelos den Urstein im Sein der Erde
Für das unvollendete der Welt gegen die Nostalgie der Leere
Am Rande der Zeit fällt die Erde in die bodenlose Unendlichkeit
Zum Abgesang der Heroen im Weltenschmerz für die Ewigkeit
Hyperion der griechische Eremit der schöpferischen Hymnen
Im pathetischen Pathos der Zerrissenheit in der Erde Runden

Diotima die Seherin in Platons Symposium der Liebe Welten
Una Veritas im Epochenwald der Heros-Mensch-Gott-Kosmos
Dichterwelten in Versepen im heroischen Pathos der Phantasie

Der Augenblick ein Atom der Zeit wird zum Moment der Ewigkeit
Eine Hymne für ein Echo der Verlassenheit im Raum der Zeit
Zeit und Zeitlosigkeit berühren sich in der Zeitreise im Kosmos
Im utopischen Raum-Zeit-Lang für Zukunftsweisende Dichter
Wir im Jetzt der Zeit – *Kairos*, der erfüllte Moment im Leben
Das ganzheitliche Verstehen der Sinntiefe der Welten Zeiten

Pithagoras sagte „Alles ist Zahl" – Die Zahl 1 ist die Ursymmetrie
Nur durch sich selbst teilbar das Innewerden im Selbstsein
Die Fraktale 1 ist in der Iterativ – Fraktalen Brechung der Anfang
In der Höchsten Harmonie von Ordnung, Schönheit und Sinn
Auf ihr beruht die Architektur des gesamten Meta-Universums
Die Zahl 1 ist die Symmetrie der Komplexität und der Ästhetik
Unsere Natur basiert auf der Symmetrie als Urkonstanz der Welt
Was ist Leben? Ein rätselhaftes Selbstsein im Transzendentalen
Im Gleichgewicht eines homogenen Raum-Zeit-Kontinuums
Simone Weils symmetrische Analogie vom Menschen und Gott
Die Symmetrie der Freiheit vom Menschen und Menschen
Eine von Simone Weil unentrinnbaren menschlichen Empathie
In unstillbarer Liebe die Einverleibung der Liebe des Anderen
Gedanken, die sich voneinander nicht lösen können in Liebe
Und sich einverleiben in größtmögliche symmetrische Harmonie

9.

Fibonacci der Erfinder der 0 und der Sequenz mit dem Anfang 01
Seiner Entdeckung der Null verdanken wir das Plus und das Minus
Johannes Kepler erkannte im Quotienten zweier Fibonacci Zahlen
Den *Sectio Aurea* - den Goldenen Schnitt der perfekten Proportion
Im Quotienten verbirgt sich die Symmetrie der ästhetischen Theorie
unsere Natur im Kreis der Proportion - Harmonie einer Sonnenblume
Logik - Ästhetik – Natur als Theorem des Seins in einer Weltformel
Auf dieser Einheitlichkeit einer Ursache basiert die Ganzheit der Welt
Die Fibonacci Sequenz beschreibt in Zahlen die Struktur aller Dinge

Eine Menschliche scheinbare Unbestimmtheit des Lebens im Sein
Und eine Göttliche Bestimmtheit des Schicksals in der Raumzeit

Das Zeitlose berührt das Sein und das Nichtsein am Endpunkt
Hamlet träumte den Traum seines Lebens nach seinem Tod
Sein oder Nichtsein – Nicht Sein im Sein der Unsterblichkeit
Wo ist die Grenze zwischen einem Minimum und dem Maximum
Dem optimalen Minimum -1 und dem minimalen Maximum +1
Die Null Grenze zwischen dem Diesseits und dem Jenseits im All
Das archaische Epos der Seelenwanderung auf Schmerzpfaden
Auf der Flucht ins Geborgenheitsland Ithaka in Schicksalstagen

Auf der Kardinalzahl 1 ruht die Architektur der neuen digitalen Welt
Die Reduzierung der komplexen Realität auf der von 01- Binarität
Sie operationalisiert die Welt und zerstört das Wesen des Poetischen
Zahlen 0 und 1 erfassen die Komplexität der algorithmischen Welt
Die Analyse zerlegt die reale Welt in kontrastierende Gegensätze
Verteilt die Welt auf das Sein von Endlichkeit und Unendlichkeit
Der Differenz zwischen der Realität und den metaphysischen Sphären
Die Objektivierung der Erkenntnis vom Ende der Welt und der Zeit

Ein Kardinalproblem ist die Polyrhythmik im Pathos der Weltlage
Der Wegfall alles Poetischen in unserer komplexen Wirklichkeit
Das-aus-der-Welt-fallen im Sturz in die Leere Zeitlosigkeit
Questiones disputatae – die Urkraft des philosophischen Fragens
Gegen eine Architektur der Hypothesen des Unwirklichen Daseins
Im Erkenntnis-Pessimismus der großen Polykrise der Jetztzeit
Eines nicht entschlüsselten Chaos in einer multipolaren Realität
Wenn Fehlerwarnungen der Polykrise in leere Zeiträume laufen
Im Nicht-Übereinstimmen mit dem „*adaeqvatio intellectus ad rem*".
Und es tobt der Gram im Sturm der Ungewissheiten in den Zeiten
In den Schützengräben tobt bereits ein Post-heroischer Krieg
Denn die Welt ein von Gott verlassener wüster einsamer Ort
Und das Grauen ohne Gott ist in unseren Seelen selbst gefangen.

10.

Ich bin der Mann mit den tausend Gesichtern
Ein Nachtphönix im Land des Mondes in Metaphern
Auf einer Kugel aus der Magie des Universums
Die Magie im All wie ein unsichtbarer Windhauch
Entgrenzt wandert durch die Welt über alle Grenzen
Eine Magie und Zauber im Umfeld der Reflexionen
Liebestrunken zwischen Traum und Wirklichkeiten
Gedanken auf Flügelwellen von Schmetterlingen
Denn Liebe findet die Erfüllung nur in Ewigkeiten

Der Schmetterling – die Seele der griechischen Psyche
Zum Leben befreit aus des Kerkers Dunkelheiten
Sich vom Sonnenlicht umfangen in die Luft erheben
In die Individuation einer Form von Sinn in die Gestalt
Um mit der Flügel Farbenpracht zur Blüte schweben
Das Schwingen in lebendiger Zeit der schönen Seele
Der Verwandlung in der Umarmung im Atemschlag
Das griechische Reifen in Zyklen der Unsterblichkeit
In eine Lebenswelt voll Licht erwacht im Flügelschlag
Eine Idee der Seelenwanderung in zyklischer Zeit

Der Seelenflug vermag die Angst mit Schwingen überfliegen
Im Schicksalsschlag der kurzen Lebenszeit in Freiheit
Die Flügel weit gespreizt vom Augenblick zum Anblick
Ein *Contra passo* in Gedanken über das Gegenfreie Licht
Der Flügelschlag wie ein Wimpernschlag der Seele
Im *Contra spazio* – der Hülle ein Ausweg im Morgenlicht
Das Gegenfreie von Licht und Dunkel in tiefen Meditationen
Es ist die Stunde der Sehnsucht im des Tages sterben
Wenn der Tag zu Neige geht nach dem Sonnenschwinden
In den Schatten des Nachts getragen von sanften Winden
Alles verschwindet und alles taucht wieder auf
An anderen Orten zu anderen der Zeiten Welten
Es zählt nur das große Ganze im Licht und Schatten
Wenn das Licht sich nicht gegen sie auflehnen kann
Stehen dunkle Zeiten für unsere Zukunft weiter an
Ein unsicheres Land in unsicheren Wendezeiten
Mit einem über Maßen schweigend unsicheren Volk

276

Wir sind das Gestern – Ihr seid das Heute – die sehenden Dichter
Für das stehende Heute und das sichtbare Morgen der Zeiten
Unsere lichte Heimat ist das Über-All, in aus der Welt gefallenen
Zeitlosigkeit, im opiatischen Pathos der Post-heroischen Zeiten.

Marlene Bokelmann

Ich mag, ich mag nicht

Ich mag den Rhein
Und die reine Wahrheit
Ich mag Sonnenaufgänge
Und ich mag es, wenn jemandem ein Licht aufgeht
Ich mag es, mit einem warmen Pizzakarton in der Hand
nach Hause zu gehen
Und ich mag es, dich mein Zuhause nennen zu können

Ich mag es nicht, im Zug anderen beim Telefonieren zuzuhören
Manchmal mag ich Andere nicht
Manchmal mag ich nicht mal mich
Wobei das auch oft mit Anderen zu tun hat
Mit Menschen, die mir sagen: Du kannst das nicht
Du hast zu viel Phantasie
Du denkst zu negativ

Hört mal genau zu, ihr Kritiker:
Ich kann das, wovon ich denke, dass ich es kann, schaffen
Phantasie kann man gar nicht genug haben
Zum Beispiel, um diesen Text zu schreiben
Phantasielose sind langweilig

Und wenn euch meine Gedanken nicht passen,
dann ist das eben so
Das führt nicht dazu,
dass ich eine 180-Graddrehung für euch vollführe
Dass ich mich verbiegen lasse
Oder euch was vorspiele,
was nicht meinem Denken oder Fühlen entspricht
Also kommt damit klar - oder eben nicht.

Marlene Bokelmann

Appetit

Du hast Appetit.
Du stehst vor dem Kühlschrank und hast Appetit -
Appetit auf was?
Appetit auf
Süßes? Appetit auf
Saures?
Oder etwas ganz Anderes?
Appetit auf was?

Ich habe auch Appetit.
Mein Leben gleicht dem Kühlschrank.

Ich stehe davor und habe Appetit.
Stehe vor den Möglichkeiten.
Manches ist gut für mich.
Anderes nicht.
Gerade das schmeckt gut.
Aber was stillt meinen Appetit?

Egal, was ich probier, der Appetit bleibt.
Oder gebe ich zu schnell auf?
Sollte ich mehr von einem kosten?
Muss ich mich daran gewöhnen?
Als Kind mochte ich auch keinen Rosenkohl.
Wird es Rosenkohl immer geben
Egal was ich tue?
Nicht die Welt muss sich ändern,
sondern ich?

Zurzeit schaue ich kreuz und quer in die Töpfe.
Ich springe von einem zum nächsten,
von einem zum nächsten,
von einem zum nächsten, zum nächsten, zum nächsten,
nächsten, nächsten …
Aber kein Inhalt passt.
Wieso?

Schätze aus Angst.
Angst, das Falsche zu wählen.
Etwas zu verpassen.
Nicht zu passen.
Denn hundertprozentig passend erscheint mir nichts.
Nichts erscheint.
Nichts erscheint ohne Anstrengung.
Wird mir mit Blick in den halbleeren Kühlschrank bewusst.

Es gilt, den Kühlschrank weiter zu füllen.
Mit Dingen, die unseren Hunger stillen.

Sylvia Hofmann

Dezember

Wie hasse ich die dunkle Zeit,
ich hoffe, der Frühling ist nicht mehr weit.
Der Adventkranz ein wenig Licht uns bringt,
Weihnachten bald kommt,
das weiß jedes Kind.

Die Wartezimmer beim Arzt sind voll,
man fühlt sich krank, das ist gar nicht toll.
Das Wetter schlecht,
für Gasthäuser gerade recht.
Ein Glühwein auf dem Weihnachtsmarkt,
erfreut so manche. Macht er stark?
Der Nikolaus war schon da,
ungeduldig warten Kinder aufs Christkind
wie jedes Jahr.

Nichts Erfreuliches bringen Nachrichten
auch heute,
von Kriegen hört man – arme Leute!
Es muss besser werden
Im neuen Jahr!
Lasst helfen uns wo es geht
das ist allen klar.

Sylvia Hofmann

Träume im Herbst

Verwelkte Blätter fallen um mich her,
jetzt wär ich lieber am warmen Meer!
Wo frohe Menschen Lieder singen,
Mandolinen und Gitarren klingen.
Die Sonne streichelt dort die Haut,
wie jubelt dann die Seele laut.

Ein halbes Jahr ist schnell vorbei,
das Herz ist wieder sorgenfrei
wenn frisches Grün die Wiesen ziert,
die Kinder springen ungeniert.

Wie die Natur so ist der Mensch
durchschreitet dunkle Täler,
er schwingt sich auf, sein Herz erwärmt,
kommt neuen Zielen näher.

Sylvia Hofmann

November

Dunkel stehn die Wolken
über dem Rhein.
Es ist November.
Es muss so sein.
Die Nebelschleier sind vorbei,
machten den Himmel
für Sonne frei.
Sie ist verschwunden.
Und grau und dunkel
Ist`s da unten
am *Rhein.*

Sylvia Hofmann

Ein Gedicht zum Nachdenken

Und wieder ist es bald so weit,
es steht bevor – die Weihnachtszeit.
Es bricht herein die Dunkelheit,
das Fest der Liebe ist nicht mehr weit.

Wie freuen sich die Kinder sehr,
die sich n i c h t freuen, werden immer mehr ...
Die Armut nimmt zu mit jedem Jahr,
das ist inzwischen manchem klar,
nicht nur im fernen Afrika,
auch hier bei u n s, man merkt es ja.
Wir haben Strom, Wärme, Licht
und fürchten verseuchtes Wasser nicht.

Doch manches Herz gebrochen ist, die Taschen leer
und niemand da, der tröstende Worte spricht.
Was ändert da die Geburt des Herrn?
Ein sorgenfreies Leben, das hätte mancher gern.
Zweitausend Jahr' sind schon vorbei,
doch ist die Welt von Kriegen frei?
Von Katastrophen, Unheil und Elend hört man überall,
was hilft uns h e u t' das Kind im Stall?
Kommerz hin und Shopping her,
selbst für Christen wird es wirklich schwer,
zu seh'n den wahren Hintergrund,
der macht Menschen zufrieden und gesund.

Angelika Lotfey

Nachsommer

(In memoriam A. Lobe)

Der Blumenduft ist abgestanden.
Es winden Amseln leiser
Die altbekannten Tongirlanden
Um sommermüde Häuser.
Die Sonnenuhren gehen nach.
Unförmig stehen Hecken.
Ein gelbes Blatt rieselt aufs Dach.
Der Herbst linst um die Ecken.

Angelika Lotfey

Kahlschlag

Gestern war die Chaussee
Gesäumt von alten Buchen,
Heute ist die Allee
Gefällt, und Amseln suchen

Nach ihrem Lebensbaum
Und den verlor'nen Nestern
Und flöten wie im Traum
Ihr Abschiedslied vom Gestern.

Angelika Lotfey

Nestbeschmutzung

In deutschen Landen jede Stadt
Ihr olles Bismarckdenkmal hat.
Wo man mit Bismarck Kult getrieben,
Sind leider übrig sie geblieben.

Nun festzustellen ist rein faktisch:
Es hat erwiesen sich als praktisch,
Dass diese Dinger oft sich finden
Am Fuß von Eichen oder Linden.

Damit steht Bismarck unter Laub,
Darin die Vöglein nisten -
Die scheißen auf die Pickelhaub'
Des Kolonialisten.

Anne Marie Wolejnik

Alter Mann (P.)

Weisst du, wie die Mütter leiden
Hast du je eine gesehen
Mütter leiden leise
Weisst du, wie die Mütter weinen
Hast du je eine gehört
Mütter weinen leise

Alter Mann, der ach so weise
Soll es nur für immer hören
Auch den Schmerz der Väter
Soll er nur für immer spüren

Alter Mann, angeblich so weise
Geht jetzt einsam seinen Weg
Für die Macht und über Leichen
Tote pflastern seinen Weg

Und die Bomben fallen weiter
Bald auch auf uns alle hier
Was bleibt ist Rauch und Asche
Und kein Schmerz mehr existiert

Alter Mann, jetzt einsam und allein
Keiner kann dein Lachen hören
Und auch nicht dein Weinen.

Erwin Macher

Ein Vorsatz für das Jahr 2025

Also für mein Empfinden ist wieder einmal die Zeit –
unheimlich schnell – wie im Eilzugstempo vergangen;
gedanklich war ich dazu noch überhaupt nicht bereit,
aber unwichtig; das neue Jahr hat schon angefangen.

Was bringt die Zukunft – werden die Sorgen kleiner?
Hoffen wir, es kommt alles nicht noch viel schlimmer.
Davon hat jetzt zu Jahresbeginn von uns noch keiner
eine Ahnung, oder auch nur einen blassen Schimmer.

Die letzten Jahre bereiteten uns enormes Unbehagen
und haben der Gesellschaft ganz gewaltig zugesetzt.
Covid, Kriege, Klimawandel und politisches Versagen;
dazu auch noch die massive Teuerung nicht zuletzt.

Die angespannte Lage – ja das ganze Weltgeschehen –
gibt uns schon seit Längerem keinen Anlass zu lachen.
Doch anstatt alles hoffnungslos und negativ zu sehen,
wäre es sinnvoll, daraus einfach das Beste zu machen.

Und sich verstärkt darauf, was wirklich zählt im Leben –
meist ist es ohnehin etwas ganz Einfaches – besinnen.
Oder sich zumindest für jeden neuen Tag vorzunehmen,
diesen mit einem zuversichtlichen Lächeln zu beginnen.

Erwin Macher

Der Harfenspieler auf dem Grazer Schlossberg

Besuche ich in Graz die schöne Innenstadt,
ist sehr oft auch der Schlossberg mein Ziel,
so wie auch eines Tages im vergangen Jahr,
bei frühsommerlichem Wetter, schon im April.
Gemütlich verweilte ich auf einer Holzbank,
zwischen „Hackher-Löwen" und der Zisterne –
da vernahm ich wunderbare, leise Klänge,
diese kamen aus nicht allzu großer Ferne.

Getragen von einem sanften Windhauch,
schwebten die reinsten Laute her zu mir –
und bereiteten mir großes Wohlbehagen,
auf angenehmste Art im Jetzt und im Hier.
Mit Neugierde blickte ich in diese Richtung –
dort beim Glockenturm unter einem Baum,
saß ein langhaariger Mann mit einer Harfe;
sehr merkwürdig – erst glaubte ich es kaum.

Denn wer schleppt schon auf einen Hügel,
ein dermaßen unhandliches Instrument –
fragte ich mich selbst zutiefst verwundert,
doch praktisch schon im nächsten Moment,
entlockte der brillante Musiker seiner Harfe
eine weithin bekannte, einfühlsame Melodie.
Ohne Wenn und Aber bekunde ich es gerne;
so herrlich hörte ich diese vorher sicher nie.

Ich bin kein Kenner, nur ein stiller Genießer;
doch dessen ungeachtet war mir sofort klar,
welch ein toller, hervorragender Künstler,
dieser mir unbekannte Harfenspieler war.
Richtig ergriffen schloss ich dann die Augen,
um mit der romantischen Musik zu träumen,
in der warmen Sonne auf dem Schlossberg –
inmitten blühender Sträucher und Bäumen.

288

Dieser Mensch spielte derartig fabelhaft,
und mit so großem Können und Geschick,
dass sogar sämtliche Vögel verstummten,
in diesem unauslöschlichen Augenblick.
Doch kaum waren sie behutsam verklungen,
die letzten Töne der märchenhaften Weise –
hörte man kurz darauf wieder Vogelstimmen;
erst vereinzelt nur und zunächst noch leise.

Allerlei Getriller, Piepserei und Gezwitscher
klang mit steigendem Volumen an mein Ohr –
und alsbald ertönte mit künstlerischem Elan,
ein beeindruckender, stimmenvielfältiger Chor.
Und so zeigten mir, dem begeistertem Zuhörer,
unsere gefiederten Freunde nachdrücklich an,
wer diesen exzellenten musikalischen Wettstreit,
auf dem Grazer Schlossberg eindeutig gewann.

Chrysovalantis Chronis

Die Erwiderung

Ich fragte mich, was Liebe sei?
Doch ich gab ratzfatz klein bei!

Dann hörte ich eine Stimme,
klingend wie von einem Kind:

Liebe ist ein sanfter Wind,
der durch die Herzen leise rinnt.

Jakob Bernstein

Ich bin angekommen

Geführt durch des Lebens Kreuzwege und Achsen,
Gelandet am Steg von der Sechs-Seen-Platte,
Bin ich schon an Duisburg total angewachsen,
So fest, wie ein Reiter am eigenen Sattel.

Habt keine Bedenken, ich meine: die wahre
Geschichte folgt mir hinterher und noch weiter.
Ich bin unter euch, stellt euch vor, dreißig Jahre.
Und zeitlich noch mehr als die andere Seite.

Glanzvoll klingt mein Name, frivol wie ein Amber,
Dem Mond in der Nacht gleicht, ihr könnt alles wissen.
Hier sind meine Kinder zur Schule in Hamborn
Gegangen wie andre, in die August Thyssen.

Ich hab´ angefangen zu sprechen, die Sprache
Begeistert mich so wie die biblischen Tiere.
Ich bin eingeschlafen, nun wieder erwache,
Ich bin jetzt bei euch mit dem Herzen und … Nieren.

Ich trat an den Weg der beruflichen Weite.
Ich hab´ mich beeilt zwischen Städten und Orten.
Das ging nicht daneben in meinem Zeitalter.
Es ging nicht vorbei zwischen Süden und Norden.

Erträumt die poetischen Verse wie immer,
Blieb ich ein bescheid´ner Softwareentwickler
Und war, kurz zu sagen, mehr ein Programmierer
Als ein nicht zustande gekommener Dichter.

Und doch, wenn ich erst eine Weile abwarte,
Erscheint tief im Wald eine sonnige Lichtung,
Gestehe ich offen – mein Gott ist nur Mathe,
Bestätige heimlich – mein Schwarm ist die Dichtung.

Es gibt nicht zu viel, weder weinen noch lachen,
Ich war ein Verräter für euch unterdessen,
Mich hat Microsoft überprüft mal in Aachen,
Doch kam ich zurück über Duisburg nach Essen.

Nach Essen, beruflich für Jahre und Stunden,
Nach Duisburg, um Lust für das Leben zu kriegen,
Wo Ruhr in den Rhein überraschend einmündet,
Wo mich ihre Wellen berühren und wiegen.

Die Zeit an der Ruhr liegt nicht schwer mir im Magen,
Ich mag alle Städte des Flusses und Sitten.
Von Duisburg nach Bochum, von Dortmund nach Hagen,
Nach Schwerte, nach Wetter, nach Arnsberg, nach Witten.

Ich kann manche Orte brutal überlesen,
Doch mache den Fehler, wie üblich, nicht gerne.
Von Essen nach Bottrop, von Herten nach Wesel
Und dann in die Mitte der Welten nach Herne.

Und nochmals nach Duisburg, wie sein alter Splitter,
Wo längst meine Stimme unschlüssig noch klirrte,
Ich ritt als ein einstiger wandernder Ritter
Zu euch am Dellplatz, bis zu euch im Dellviertel.

Geführt durch die steinigen Wege vom Leben,
Gestrandet im Sand von den waldigen Dünen,
Die Zeit ist vergangen und nicht knapp daneben,
Mein Glück wird in Duisburg mir sicher gegeben,
Als Zeuge dafür ruf ich an diese Bühne.

Jakob Bernstein

Eins und zwei

Zum zweiten Geburtstag

Lea hat ein' Kopf,
Sie hat eine Nase.
Wenn die Nase tropft,
Wächst im Garten Rasen.

Sie hat eine Stirn,
Sie hat doch zwei Hände,
Hat ein kluges Hirn,
Schlau ohne Ende.

Lea hat ein' Mund,
Lea hat zwei Ohren.
Sie mag Nachbars Hund,
Sie isst keine Möhren.

Hat sie was im Sinn,
Steh´n zu Berg´ die Haare!
Lea hat ein' Kinn,
Lea hat zwei Jahre.

Lea hat zwei Hände,
Lea hat zwei Füße,
Geht sie hoch die Wände,
Wenn sie schlafen müsse.

Lea hat zwei Ohren,
Lea hat zwei Beine.
Sie mag keine Möhren,
Alles mag verneinen.

Lea hat zwei Schultern,
Lea hat zwei Wangen,
Sie ist immer munter,
Sie hat keine Bange.

Lea hat zwei Äuglein,
Eine Menge Haare,
Lea hat ein Bäuchlein,
Lea hat zwei Jahre.

Jakob Bernstein

Lieber Schnuller!

Die Luft wird abends kühler,
Man trägt dann eine Mütze.
Doch Lea will den Schnuller
Und will nicht Zähne putzen.

Sie weinte wie ein Brüller
Und kaspert wie die Affen!
Verlangt sie einen Schnuller,
Wenn geht ins Bett sie schlafen.

Es war einmal ein Müller
Im Märchen. Währenddessen
Will Lea einen Schnuller,
Als ob man kann ihn essen.

Der Müller hat drei Söhne,
´ne Mühle und ´nen Esel.
Wir schaffen´s gar nicht ohne
Den Schnuller – Leas Wesen.

Der Müller hat ´ne Katze –
Hier kommt der große Knüller!
Als Lea fast schon platzte,
Bekam sie ihren Schnuller.

Verbunden mit der Tiefe
Der Seele, ist er teuer.
Der Kater kriegt die Stiefel,
Dann kommt das Abenteuer.

* * *

Die Luft ist morgens kühler,
Blüht üppig der Holunder
Und Lea will den Schnuller
Ganztags und jede Stunde.

Ich nahm zur Hand den Füller,
Um niemals zu vergessen:
Es scheint, den Lieblings-Schnuller
Sie kann als Brötchen essen.

Kemal Ribbe

Donald Duck

Ich bin Donald Duck, der stets
sich mit dem Schicksal anlegt,
der oft sich in die Nesseln setzt
und sich dann aus dem Staub macht.

Ich bin Donald Duck, der gern
ein Held und reich wär' wie mein Onkel,
der aber meistens hat kein Glück
und kriegt nur Ärger und Gezänk.

Ich bin Donald Duck, der doch
ein gutes Herz hat und Gewissen,
der seine Neffen liebt und auch
die Daisy, wenn sie nicht ist bissig.

Ich bin Donald Duck, der mal
nach Moral und Recht sich richtet,
der aber auch nicht immer brav
und manchmal frech und listig ist.

Ich bin der Donald Duck, der sich
nach einer höh'ren Stufe sehnt,
der aber auch nicht ganz vergisst,
dass er nur eine Ente ist.

Michael Huschens

Beluga

Ihre Aussage eine Worthülse
als Vokalgestammel wie Folter
Bit Bit plus minus Esperanza
ersetzt durch Peitschenhiebe
nur so kommen sie empor
und ein Tritt ins Satzgeripppe
beendet den Diskurs am frühen
Morgen mit Behauptungen
bar jeder Richtigkeit
jenseits des achten Gebots
wenn andere noch schlafen
wandeln Geister und Dämonen
in die Schlange der Wartenden
mit Scheuklappen vor zuviel
Badesalz im Grundwasser das
Lügen zweckentfremdet durch
die Tür knallen sie zitternd in
den Angeln zum Rapport
vernunftbegabter Hacken mit
Händen an der Hosennaht da
braucht es Übersetzer ans
andere Ufer dort wo Eisbären
vor lauter Hunger neue Strategien
entwickeln und jetzt den Beluga
jagen obwohl in den Brutkolonien
der Primaten Fangverbote
längst beschlossene Sache sind
Kämpfe vor den Suppenküchen
unvermeidlich ein Kleben des
Weichteils unter dem Gaumen
in der Sahelzone der Gefühle
und Ehrlichkeiten leidiger
Hautgestelle nackt immer kurz
vor der Amnesie damals wie heute
Babel und die Sabotage an der

Sollbruchstelle in alle Sprachen
gemischt entfaltet ihre Wirkung
jetzt bleibt deiner Wahrheit Werte
nur die Umrandung leerer
Sprechblasen mit der Bitte
um Gehör vor den Tauben
derweil ein paar wenige
unsere Welt rücksichtslos mit
Füßen an den Abgrund treten

Michael Huschens

Vortrieb mit Streben

Lange gesucht, endlich wiedergefunden, die leere
Dose. Ach wie sehr habe ich das Gefühllose vermisst!

In einem Bohrloch kurz vor der Zündung, Kabel
und Ladung zu sein. Knall und Fall gleichsam,
Vortrieb mit Streben. Ein verkohltes Fossil. Zeitkapsel
mit gespeicherter Energie. Mein stummer Begleiter,
ein Kanarienvogel. Der sucht sein verlorenes Lied.

Ich, wartend auf die Millisekunde, helfe ihm suchen.
Für diesen Augenblick die reinste aller Ideen.

Bresche, Felsblockade verhindert Überflutung. Der Griff
in die Nüsse rettete Menschenleben. Das kolportiert man
nach der Schlägerei im Plenarsaal. Die Geldbündel hatten
zuwenig Auftrieb, gingen unter. Abgründe. Das Nichts
zwischen den Atomen hier, unsagbar bis fassungslos.

Angedichteter Raum und Meinung. In Fügung und Verfall
stolperten schon andere. So blase das ins Horn!

Ja hier ist es sehr bequem meine Liebe. Die Amöbe frisst
gerade Pantoffeltierchen. Die haben sich längst dran gewöhnt.

Paforceritt, erstes Feld. Die Hasardeure beim Rösselsprung
mit harter Landung. Wer drückt denn nun den Knopf zum
Erhalt der Spezies. Kraft mal Weg. Ernergieeinsparung.

Dazu ihr Wissen. Zeit ist ersetzbar durch Muskelkraft.
Millionen geschundene Körper. Macht die Peitschen länger!

Produktionssteigerung. Lasst Schreie zu komponierten
Sinfonien werden. Trauer rhythmisch in Kesselpauken
geschlagen. Dazu die Zimbel für triefende Lust.
So geht Musik. Das weiß auch mein Kanarienvogel.
Der hat es bei der Suche nach seinem Lied nicht eilig.

Toluol und Nitro in feinster Rezeptur. Kunstdünger
für den Knall in bunt. Maultaschen im erhängten Radio.

Unerhört. Nachrichtenflut über Verschwörungen auf
Höchstgeschwindigkeit. Blau über Gelb übertönt den
Marktschreier. Massenbegräbnisse...ohne lästigen
Papierkram. Der Rest ist Wurzelbehandlung kurz vor
der Perforation. Flurbereinigung, Frontbegradigung.

Der Zwergenwuchs der Eckzähne ist nur eine Laune
der Natur. Räson: Nulltoleranz zwischen den Atomen

führt zur Kettenreaktion. Hier vor Ort völlig irrelevant.
Halt! Halt! nicht diesen Knopf. Erste Koordinaten kommen
über den Ticker. Bei mir hier ist noch alles ruhig mein Schatz!
Ich schaue dem gelben Vogel zu. Das Metronom,
Stange hüpf, Stange hüpf, Stange. Hin und her.

Abgesang: Die Ausbildung des Karzinoms ist malig.
Raumforderung im Osten nimmt nun doch Umwege.

Die am Boden liegende Nachgeburt wird später aufgewischt.
Bohrloch geladen. Kanone. Kurbel drehen, für Spannung ist
gesorgt. Smile until flash! In Zeitlupe greift eine Hand
zum Hebel. Hornist das Signal! Dann findet der Vogel
sein Lied und beginnt es zu singen.

298

Michael Huschens

Drei Lichter in der Ferne

Wind rauscht böse durch die kalte Nacht,
drei Lichter in der Ferne, andere Räume.
Sie geben „Stirb Langsam", dabei geht das
ganz schnell. Raketenangriff und alles zerfällt
zu Staub ... wie immer sachlich eingeordnet
vom Nachrichtensprecher. Die kritische Masse
ist Nebensache, hat nichts zu sagen.

Mein Himbeereis schmilzt auf der Zunge,
du feilst deine Nägel, der Kaffee ist kalt geworden.
Andere Räume, da werden Nägel mit Köpfen
in Wände geschlagen, staccato, mit kurzem Stiel, von
Männerhand. Ein kurzer Schrei im Film oder nebenan,
kaum zu unterscheiden, es fehlt die Musik. In der Luft
schon beschleunigte Wellen. Druckunterschiede.

Luftmassengrenzen und fallende Wände im Sturm über
Masken. Drei Blitze in der Ferne, drei andere Universen,
jedes für sich mit eigener Zeit. Das Klopfen hat aufgehört.
Da hängen jetzt einige Bilder schief. Drappiert mit Seide
und goldener Widmung, mit Zwischenräumen und
gebeugten Zwischenzeiten, die nebeneinander herlaufen.
Alle Programme mit zwei Hunden die einem Ball nachjagen.

Beute als breaking news. Wir schweigen uns an. Zu hören
nur das Heulen des Windes, wie das Lied der Hunde nach
Hetzjagd ihr Curree verschlingend. Tanz in gewonnenem
Gelände klingt ähnlich. Ein Licht hat sich schlafen gelegt.
Zwei sind noch wach. Neuer Kaffee läuft durch Filter.
Spannung verkehrt sich teilnahmslos in Altbekanntes.
Glas zerbricht. Der Vorhang friert und schüttelt sich

entlang der Falten deines jetzt blassen Gesichts.
Was müde ist kriecht tiefer in die Kissen. Blendwerk.
Gedanken erreichen das rettende Ufer, werden langsam,

bleiben stehen. Bildstörung. Wir bitten um Entschuldigung!
Das Klopfen hat wieder angefangen. So viele Ansichten,
federleichte Geschichten, milde Sonne über dem Meer
und Helikopter die aus dem Bild fliegen als wären es Vögel.
Fat man, eingebrannte Geister, am Ende nur Stille.

Was war denn los nebenan? Du nimmst meine Hand.
Vorwegnahme der Frage. Wer stand da noch im Wege?
Polsterbestuhlung, ergonomische Beobachtung vor
laufender Kamera. Zwei Kerzen brennen. Der Wind
macht eine kurze Pause. Wir schauen uns an. Tremor.
Resonanz. Der Boden zittert aus dem Lautsprecher.
Die Hunde kommen ohne Ball zurück ...

Michael Huschens

Alptraum unter Wahlplakat

Der nächste Morgen rötelt unausweichlich
schon im Traum. Ein gerahmtes Nichts fällt
angekreuzt ins Dunkel. Im Echo tausendmal
Geräusche deines Grinsens über mir. Beim
dritten Hahnenschrei steigt Pegel bis zum
Nacken und schwemmt Vertrauen in den
Rinnstein. In Poren spielt ein Teufel mit
Stimmen, er lässt seine braunen Fliegen tanzen.

Dein blaues Wunder kristalliert zu Angstschweiß
sich, mit schwarzer Kruste Falschaussage.
Ausgelegte Köder, fermentiert in Zweifel, Tracht
und Abwehrhaltung, kriechen mir zum Ohre hin.
Der Aggregatzustand deiner Worte wechselt
von gefroren zu flüssig. Sinnentleerend bis zur
Implosion. Da half auch nicht die zwangsbezahlte
Pressekonferenz am späten Nachmittag.

300

Fassungslosigkeit beschleunigte die Vergiftung.
Alles dreht sich, Angst, Zukunft, Herzrasen,
Atemnot. Dann gehen die Lichter aus. RemPhase.
Irgendetwas schaltet ab. Die Security konfisziert
noch schnell Hemd und Schuhe. Ich ringe nach
Luft. Komatöser Wachzustand. Schichtwechsel.
Das selbstverliebte Großmaul schmutzt Polemik,
und seine Lügner schnauzen Drecksparolen

Mann stürzt im Intermezzo aus dem Fenster.
Nahaufnahme. Ein Losverkäufer.
Gewinne! Gewinne! Gewinne! Bei ihm fanden
Ermittler ein Bekennerschreiben. Danach
der Nervenzusammenbruch auf dem
Lastenfahrrad. Schaden an der Klimaanlage.
Plan B? Fehlanzeige. In meinem Amarenabecher
schmilzt die Polkappe. Löffel für Löffel

sollte er eigentlich den defekten Nachmittag
reparieren. Programmvorschau mit Risswunden
im Gebirgsmassiv. Die Kirsche auf der Sahne droht
abzustürzen. Dazu eine erste Trendmeldung mit
Schuldzuweisungen und Lagebericht von der Front.
Die Gitterstruktur der Molleküle bleibt unverändert.
Und noch vor der ersten Hochrechnung die knappe
Meldung: Golfstrom wird erst nach der Wahl umgeleitet!

Europa wird frieren. Klimamodelle auf dem Catwalk.
Der Boden übersät mit Nieten. Sie tanzen im Fallwind.
Tosender Applaus von den gloreichen Sieben, jene
Meister des Teilens. Sie gönnen uns ein Lächeln und üben
mit ihren Schägertrupps das Hurra. In Bereitschaft ihre
Trabanten. Und sie schlagen und schlagen auf Augen und
Mund. Ich komme wieder zu mir. Blätter zur Erholung
in den Regenwald, aber da brennt es lichterloh!

Hier haben sich die Schwalben schon zurückgezogen.
Falken werden hungern. Der Herbst kündigt sich an,
mit einer Kriegserklärung. Fake News. Alles Einbildung.

Draußen scheint doch die Sonne. Es wird ein schöner Tag.
Langsam beruhigen sich Puls und Nerven. Co2 Vergiftung.
Rein formell war es Atemstillstand, den es zu ignorieren gilt.
Noch geht ja stündlich ein Vogelzug in den Süden.
Da bleibt noch etwas Zeit fürs Feuilleton,

für einen Longdrink mit importiertem Gletschereis.
Die Geschmacksoffenbarung an Zitronenscheibe.
Den großzügig geschenkten Termin bein Nervenarzt
werde ich gerne in Anspruch nehmen, bevor ich in den
Zug steige. Eine unerhörte Ressourcenverschwendung.
Aus! Aus! Aus! hört man von den Bluthunden zwischen
den Sätzen. Jederzeit spur- und linientreu. Diese sanfte
Landung mit sabberndem Backengehänge.

Beim Öffnen der Schädeldecke fand man das Hirn Trauma
in die hinterste Kalotte gemeißelt. Ein Relief von der Irrfahrt
der Menschheit. In schwerer See. Da bläst er! Zum Angriff auf
die letzten Widerstände. Nichts bleibt danach, als ein Loch im
durchmarschierten Stiefel. Der Durchblick im Kalkül von Soll
und Haben. Bis die letzte Kugel kein Ziel mehr findet, so ihren
Drall verliert und anstelle wirkungslos zu Boden zu fallen, --
rollt sie doch wieder nach oben.

Dann kommt die freundliche Bedienung und kassiert.
Sie erwidert das Lächeln auf dem Plakat. Ich erschrecke:
Es war der Losverkäufer. Gewinne! Gewinne! Gewinne!
Ich stehe bis zu den Knöcheln in Nieten. Die tanzen im Wind.
Alles Kreuze in einem gerahmten Nichts.
Aus der Ferne höre ich eine Stimme flüstern.
Ja sie können zu ihm. Aber nur kurz.
Er braucht jetzt viel Ruhe.

Michael Huschens

... und nichts als Liebe krümmt den Raum ...

(Gustav Klimt: Der Kuss)

Du! Ach stellte sich die Frage nur für dich?
Meinest du, man muss es nur in güldne Farbe gießen?
Des Pans gelocktes Haupt schmückt Efeu, da!
Gestern, heute, morgen, Lustsmaragde leuchten
fruchtbar grün, so, einem edlen Stein entrungen.
Auch ist es Königsblau in dem, in dem unendlich
blühen weich gebettet Zärtlichkeiten.
Göttlich eingehütet, gittert schwarz bedrohlich Abgrund.

Ich suche die Architektur gaukelnder Falter.
Da bleibt man stehen, so leichte Spannung spürend.
Ja, etwas Zittern vor Erregung, sinnbetört, gar fündig,
Überschwang, empfangsbereit. Der Himmel voller Geigen.
Summende Bienen und Hummeln. Einwortsätze,
getragen von Vokalen, verhindern deine Gleichgültigkeit.
Hörbares Knistern, kurz vor der Entladung,
jenes leise wohlige Stöhnen.

Das fühlt der Schauende.
Sicher fällt ein Schleier ab. Pure Absicht!
Von den Reizpartien, Vorstellungen,
die spalten sich auf in sichtbare Anziehungskräfte.
Energische Kraftlinien, Phantasien.
Eisenspäne am Stabmagneten,
die Inkarnation der Allumfassung, hier in phallischer
Kontur, gießt du in edelstes Metall.

Ein Kilo Goldbronze dehnt die Leinwand,
beugt feinste Raster materieller Verbindlichkeiten,
und krümmt den Raum mit nichts als Liebe,
als Verlangen nach Unendlichkeit.
Und alle Lust will Ewigkeit -
- Will tiefe tiefe Ewigkeit!
Besitzergreifung des Sinnlichen. Befriedigung.
Quadratur des Kreises.

Dieses Niveau bestimmst nur du. Schau nur! Schau!
Mehr brauchst du nicht sagen. Augenzeuge.
In Tallage fällt das längste Gesicht. Wer ist Voyeur?
Manch Maulaffe bar jeder Korrektur ist nicht im Stande
diesen Gedanken zu ende zu denken. Zu schön,
weil wahr, weil gut und doch verboten. Schämt euch!
Ist das sehenswert? Unbedingt! als strengste Fläche
tief durchwirkt mit Dimensionen.

Schlüsselloch.
Erhellter Horizont lässt Änderung vermuten.
Aber nein, folge den Ornamenten,
schlage drei Blicke über diese Strenge,
spanne zwischen fühlenden Fingerkuppen
eine Brücke von gutbürgerlicher Küche
zu den Ufern salziger Schweißzonen in
erhitztem Verlangen, jenseits von Zucht und Ordnung,

von Zwang, Verbot und keuschem Korsett in den
Abgrund getrieben die Randnotiz: Zwei Jünglinge
wählten den Freitod. Verzweifelt, erschütterte
Neugier in die Schlagzeile entlassen ...
und doch entschwebt auf Blüten in Mustern
die ewige Liebe allmächtig auf
Frühling empfangend gebettet
zum Kuss.

Michael Huschens

Vor der Nachtschicht

(Salvador Dali: Die Beständigkeit der Erinnerung)

Da gibt es nicht viel zu sehen!
Bitte bleiben sie hinter der Absperrung!
Grammatisch unterkühlter Imperativ,
mit sozialer Sprengkraft, keine Implosion,
hier aber völlig überflüssig, weil in Acryl gegossen.
Nur eine Bitte, denn eigentlich war nichts von
Interesse. Vier Uhren, die alle falsch gehen,
oder einfach stehen geblieben sind.

Sie hängen klanglos zum Trocknen auf der Leine.
Geschmolzener Bienenfleiß, so gegen acht,
in Eile, ich muß gleich los! Angst im Komperativ.
So nutzt Dali Befindlichkeiten, wie ein Weichspüler
für Säuglingshygiene, das Sanso des Gewissens,
oder war es Leonore, die Tante mit dem Zweifel?

Zu Soße gebundene Worte, anerkannt,
das Mondamin für Zeitgedanken. Akkordarbeit.
Hohe Stückzahl für ein paar mehr Pennys.
Ich fürchte das reicht nicht. Suchtgedächnis will Rausch.
Dieses kapitalbildende Gefühl ist ein Weg ohne Brücken.
Nicht kompatibel um über Abgründe zu springen.
Zurück geblieben, abgehängt, kurz vor dem Prellblock,
der rollende Zug, Weiche auf Grün. Ein Blick über die Kante,
auf der Zielgeraden, letzte Ausfahrt.

Was ich gestern wußte, das gilt auch morgen noch.
Geglättete Inhalte, kurz vor der Gerinnung.
Zerfallene Blasen in übersäuerter Luft. Schnappatmung.
Laktatwerte an der Schmerzgrenze. Die Höchstleistungen
aus Restbeständen gären unentdeckt am Tellerrand.
Sind abgestürzt in neue Tiefen. Entleerter Mageninhalt.
Feuchte, warme Nährböden,
die wir nicht kennen. Schlafentzug.

Das Löffelsortiment übt sich im Ordnen der Wimpern.
Versteckspiel am Rande der Wirklichkeit.
Von Salvadors Zunge tropfen Fragmente.
Rhetorische Spitze: Fleischkäse ist jetzt vegan und
Haschrauchen im Biergarten nicht erwünscht!
An vier Rädern gedreht bringt Gleichzeitigkeit.
Die neue Variante im Spiel: Multitasking als Wettbewerb.
Zurück ins Bewußtsein. Der verpasste Zug wartet nicht.

Triumpf der Mechanik, Schritt für Schritt durchgetaktet,
des Wanderers Fuß rastet vor Abgründen und schmerzt.
Weiter, weiter, Maschinenrhythmus, tick tack.
An Spalten und Klüften, die Axt im Walde, bitte nicht stören.
Fahrer schläft noch unter der Flanelldecke. Zwangspause.
Über den Zeitensprung in die Zukunft ist noch zu reden.
Wir haben eine Flughöhe von achtzehntausend Fuß erreicht!
Zuerst käme der Absturz in schattenloses Abseits. Falsch!
Die weiche Landung, fast zärtliches Streicheln im Umkehrschub,
eine Landebahnmassage bis zum Orgasmus. Tosender Applaus!

Salvador landet neben Fundamenten. Er ist Fliege,
ist Wurzel, ist Schlaflied, ist Schnecke, ganz langsam.
Vorauseilend leckt seine Zunge am Stundenglas.
Schwer lastet Hitze. Versengtes Wasser stöhnt und trocknet
bespiegelte Wüste mit traumschweren Schmerzen der Ruhe.
Ausgeliefert, Gefangener im Hamsterrad,
zieht er Gedankenfäden in Schatten und Kribbelkrabbel.
Schatten über Kante, mit all seiner Härte, bleibt rechtwinkelig,
berechenbare Qudratwurzeln, in Stein gehauen.

Lochfraß in Zeitfugen, leer gedacht und zarzt bepinselt.
Ungeplant, durchgemalt zwischen kurzen Momenten,
fadenscheinig auf Ebenen und Richtblöcken.
Slowmotion bis zum Stillstand. Gefrorenes.
Dicht geschichtet in kleinstem Format, sicher in Eile
nicht entdeckt zu werden, der gesattelte Wallach
mit Sattelzwang stürzt sich in bodenlose Insubordination.
Leistungsverweigerung, weit unter Limit,
da hilft auch keine Gerte.

306

Ameisensäure in Wellen der Agonie, Flucht aus dem Paradies
mündet in belangloser Weite. Ein inflationäres Nichts.
Die vorgefertigte Landschaft ohne Anspruch auf
ein Königreich. To on he on, schlaf weiter!
Mit Mühe eine Gewissensentscheidung.
Bestätigen sie! Roger! auflaufendes Wasser mit
Warnung vor Turbulenzen, Kurs halten!
Durch Kissen fallen, durch Wellen und Wolken,
weiche, zarte Berührung. Schrei leise! durch Schambeine
gepresster Schmerz krümmt sich zu Wurm. Mimose.
Unterwegs auf langer Bahn verliert sich
der Platz zwischen den Sekunden,
fällt in Unendlichkeit.

Michael Huschens

wahnerstarrter Faltenriss

(Edward Munch: Der Schrei)

Landschaft. Durch viele Augen leer gestarrt,
Gedankenreste liegen seicht und flach danieder,
nur rechts und links am Rande sich verstrickt
ein dürrer Nervenast in wilden Sinngeflechten.

Daran in Beben hängen Silben,
zu einem schwarzen Fluss gezeugt aus Worten.
Sie pulsen zur Kante wie
vergossene Tinte von Kubin.

Und ganz verloren taumeln bunt
so schwere scharfe Traumfragmente,
peinlich brennend, windgebeutelt Blau,
ja lasten Kummer allumfassend dieser Seele auf.

Als ob da böse Fegefeuer ohrbeteubend
quälen furchterstarrtes Ich,
das ausgehöhlt nur noch in Schemen eingekrampft
mit letztem leeren Blick sein Da erfasst.

Gefangen Licht in fahlem Eingefassten,
tranchiert mit Pinsel, ausgebeintes Grau,
im Wärmebild mit Energieverlusten. Vergebens,
die verbrannte Landschaft, ein verlorenes Sein.

Erosion, ein wahnerstarrter Faltenriss,
Zygomatikus in vollendeter Traktion.
Die verdampften Tränen, Agonie,
in exessiver Notwehr hier.

Schall schmiedend der Himmel,
über stürzende Bewußtseinsnischen,
ergießen lohend schwarz sich
Flammen in Gedankenrisse.

So scheinen manche Zweige flehend
sich zum Lichte strecken, zitternd,
bittend fast um diesen einen Satz gerungen:
Weh spricht vergeh! Und wenns das Letzte ist.

Nichts und Himmelsbahn, ach im Geleit reicht
endend eingezäunte Lebensspur, verliert Kontur,
erkennt entsetzlich Ohnmacht und Verfall am Leib,
ja schmerzverkrümmt betäubt, zitiert sich dunkelst Angst.

Delirium, tief erleidend, Traumkulisse,
rot wie Blut vergossen in die Einbahnweite, Ich,
an Abbruchkanten nur verirrte Sinnlichkeiten,
verwässert, schmutzig, unlesbare Zeichen.

Haltverloren, einsam plötzlich und verlassen greift
Absinthvision, und keines Schrittes fähig, grauenhafte
Ahnung würgt, die Mutter aller Katastrophen. Wahn
bricht sich Bahn. Es bleibt ein unerträglich Nichts.

Gerissene Totenglocken, scherbengleich klingt
ihre Schmelze restlos blank zum Guss.
Die Form zerreißt und rückgekoppelt
schreit sich Schmerz ins eigene Ohr.

Michael Huschens

Marianne ... die Freiheit führt das Volk

(Eugene Delacroix: La Liberte`guidant le peuple)

Asoziale Randgruppen eskalieren.
Diese süffisante Bemerkung eines Comedian,
der sich dabei am Sack kratzte, kurz vor seinem Auftritt,
reichte aus, um Benno wieder zu beleben.
Inhaltlich die Fehlbesetzung schlechthin.
Le Figaro mit Aufmacher in fetten Zeilen.
Kriesensitzung.

In heute heiteres Blau
explodiert heißrot ein Feuernebel.
Inflationär ergießt sich keusche Lust.
Bepinselt schmutzig weiß die Strammweibbeine.
Säbelwerke teilen Luft und Schlösser.
Schwunghaft konstruierte Reizorientierung,
das wollen die Leute sehen!

Mordwerkzeug in Kinderhänden.
Mitgeführt ein samtnes Futteral, gefüllt mit Sturmhurra!
Der Rest ein schallend Abgesang.
Später mehr in der Fallanalyse über die Rekonstruktion
von Pflastersteinen auf Uniformierte.
Von brennenden Autos, fackelnden Flaschen.
Auflagensteigerung.

Am Himmel eine Illumination für Analphabeten.
Feuer und Flamme wird septisch, geht viral.
Fluchtinstinkte kanalisieren sich in Gewaltexesse.
Notstop, roter Pilz, Störung der öffentlichen Ordnung,
mit einem riskanten Blick auf das Unsagbare.
Ihr delikates Interesse am schaurig Schönen,
fast sakral bebetet und bezahlt.

Der halbnackte Stadtguerilla fiel rücklings.
Er sah einmal noch Marianne,
oder ist da Christus ihrem Charme, ja ihrem Reiz erlegen?
Gab er doch kurz zuvor bei Rubens noch den Gekreuzigten,
stahl sich dann aus dem roten Salon?
Das Peter Paul ein Spion war, ist ja bekannt,
aber den Herrn verleihen? - ein Zeitensprung.

Jetzt auf Stipvisite? als hätte es den Anschein:
Das wollte er sich nicht entgehen lassen!
Mutmaßungen. Dann fallen sie über eiserne Rutschen
in Auffanglager. Vergitterte Regale. Der König
trinkt Dosenmilch und verursacht allerische Reaktionen.
Verkrustungen brechen wieder auf,
Mollis fliegen in Schaufenster ... auf allen Programmen.

Irritierte Rückendeckung die dich anstarrt.
Treibjagtstutzen, kurzer Ladeweg. Randnotiz.
Apotheose der Leitfigur. Göttin oder Lichtgestalt.
Manch einer in der Betrachtung legt seine Hand -
aufs Herz. Aufschau, Nachsicht, stehend still.
Marianne wir lieben dich: nous ta'imons!
Aber das kam erst viel später.

Ihr Inhalt ein Kampflied. Ach wären sie nicht so
ans Hungern gewöhnt ... Alles wäre viel einfacher!
Ein scharfer Blick befiehlt dich ganz nach vorne.
Zu nackten Leibern, Himmelblick,
schwillt Rausch der Gosse auch durchs Öl.
Nur Spachtel ziehen scharf Konturen.
Gamaschen suchen teilnamslos den Schuh.

Marat lässt schön grüßen aus dem Bade. Pustelsatz.
Die Revolution frisst ihre Kinder. Neurodemitis.
Herpes und Fußpilz. Ich höre keine Trommeln zur Exekution.
Die Expertise zum Salzgehalt der Tränen ergoß sich
über soziale Kontakte. Hier zerlegt sich konträr Farbe.
Zwei Grundsätze flankieren das Weiß,
mein unbeflecktes Ideal.

310

Die Behandlung urbaner Probleme. Beobachtungen!
Über Spinnweb, Dreck, Kot, die nackten Füße,
schutzlos über Leichen schreitend. Schweißtreibend.
Amazonenbrust sein Säuglingstraum.
Man spricht von Enthemmung, Verrohung.
Gummigeschosse. Doch ist das so?
Es stinkt zum Himmel.

Da schoß man einmal, stach und rannte,
nahm dann Kolben, Keule, Säbel, rammte
aufgepflanzte Bajonette tief in Leiber, spießend,
schreiend, fluchend, stöhnend, sterbend, oh Marianne hilf!
und Blau und Weiß und Rot weit hinten, Vogelscheuchenlappen.
Wirf mal ein Stein mein Junge!
Ich habs im Kasten. Danke!

Vorn im Sturm braust Wind dann heftig durchs dreifaltige Textil.
Atmosphärische Störungen. Man warnte frühzeitig.
Die auch nicht durch das Aussetzen des Konvents behoben
werden können. Im Gegenteil, zu hastig zensiert.
Schwarmintelligenz der Massen. Saint-Simon, Babeuf,
Le Bon ins Jetzt transportiert, schon vergessen?
Was ging da schief Gustave?

Zu hastig errichteten Barrikaden, gefüllte Fässer,
mit bodenlosen Frechheiten! Pöbeldreck,
Gestank, Kloakenfeuchte, heißer Juli,
da gärt sich Zorn. Tumultentladung.
Freiheit, gut abgehangen bei Bedarf bemüht.
Ein Adelskrebsgeschwür verlangt nach Strafe
und wird prompt bedient.

Mit erschütterndem Lagebild von den Schanzen,
Marianne sticht zu, da bin ich mir sicher.
Hast du je eine Dirne erschossen? fragt sich da einer,
ich wechsel die Seiten meinte der andere;
und noch zaghaft aus der Ferne dieses Lied.
Da fiel der nächste Polizist im Dienst,
ungeachtet seines Ranges.

Es weht mit Pulverdampf herbei: marchons, marchons!
Die Gnade des Exils, kein Fallbeil trennte diesen Kopf
vom Körper. Drei Tage Party. Logenplatz mit Spotter.
Wind von links, du meine Güte!, da wird jetzt scharf geschossen.
Gebt der Fahne noch mehr Wind! Kommando aus der Regie.
Einsatzkräfte vorrücken! Haltet die Reihen geschlossen!
Ins Tränengas mischen sich Schreie.

Marodierende Banden, Migrationshintergrund,
aus den Kolonien die abgehängten Waggons,
stehen leer in der Schlange und warten.
Banlieue, der Tradition verpflichtet, da brennen Autos.
Liberte, Egaltite, Fraternite, den Text habe ich vergessen.
Nur Marianne ist heute vermummt
und spricht fließend Arabisch.

Michael Huschens

Verfallsdatum einer Stadt

(Pablo Picasso: Guernika)

Mattschwarz gerollt, unbunt über Wolken aufgeklärt,
führt Kindeshand den ungelenkten Pinsel abgrundtief,
in die Eingeweide deines Alptraums.
Im Halse steckt ein Schrei.

Klammergriff, gefangen, es bäumt dir Seele, traumdurchrüttelt
krampft das Eben-erst, ja ringt dein unfassbar Erstaunen.
Warum entkommt, begriffen nichts als schier Entsetzen.
Würgemal.

Nach zwei Strophen schon wieder eine gestrichen, Pamplona,
die Straße hinunter stürmen junge Stiere, stolpernd über
trunkne Männer, nur einer erstarrt und hält den Atem an.
Aus der Ferne Zeitversatz.

Die Herrschaften bitte hier entlang! Slippery when wet!
Eine kleine Erfrischung my Lady? Vereinte Nationen,
Eastside Manhattan, oder war es Paris? Nur zehn Schritte noch,
dann haben sie es geschafft. The ceremony is about to begin!

Stumm die anderen Mäuler suchend, stahldurchbohrtes Ross,
keilt durch den Sonnenstand. Zum Nachmittag, des Tages Zeit
versunken, schwelt Schutt und Asche Schmerz.
Motoren brummen leise jetzt entfernt.

Dein Schatten sprungbereit, lehnt teilnahmslos in eingerahmter Leere.
Im Sterben noch die Spasmen krümmen Körperteile.
Zu einem Polkatakt tritt sie den Helden auf die Stiefel.
Soldateska grüßt die Sonne.

Schaffst unter das Geschehen nicht gerade einen Strich.
Immer wieder, immer wieder, Feuerwolken,
kamen gegen sechzehn Uhr. Damals, gestern, heute, ja jetzt,
genau jetzt, gerade eben ist es wieder vier.

Und gar nicht weit von hier. Täglich Frontbericht,
Granaten und Raketen. Exkursion: Für „Einhundert Tage Mariopol"
gab es einen Oskar. Tosender Applaus bei der Ordensverleihung.
Wir knien. Ausgezeichnet.

Zum Abend aus Trümmern dein Leib, floh verfolgt durch Ruinen.
Gedämpftes Licht dazu etwas leichte Musik.
Wo Farben schwinden, wirken hart Kontraste.
Schellack eiert unter der Gravur.

Jetzt knistert Atmosphäre, es prasselt Feuersturm.
Glühend durch glasige Augen rasende Flammen.
Ehrfürchtig lahm ein Blick zum jüngsten Gericht.
Im Pavillon nehmen wir Tee und Weinbrand in Sesseln.

Bequem, dazu ein Ensaimada. Wir läuten dem Kellner,
natürlich dezent. Contenance. Der Probealarm wird einfach
überhört. Madame fühlt sich etwas unwohl. Aber meine Herren,
ich bitte sie, bewahren sie doch Ruhe!

Diskutiert wird der Vormarsch bei Kursk. Logistik gewinnt,
das weiß man auch hier. Der Krieger am Boden,
planiert von Kettenfahrzeugen. Unwichtig. Die Würde
des Menschen auf den Flügeln einer Drohne entführt.

Nach Tagen wird der Gestank unerträglich. Leichensäcke.
Fertiliser. Experten verhalten sich wie Rundfunkgeräte.
Es kommt darauf an welche Taste man drückt.
Thank you General for have you here in the show!

Der Tod als Befreier, nach langem Leiden wars Erlösung,
Todesanzeige. Für drei Mark fuffzig im Anzeigenteil.
Perforierte Zukunft, Blaupause für kommende Lösungsansätze.
Payload und Effizienz.

Kreuzpeilung erhöht die Trefferquote.
Über die Hypothenuse verschiebst du den Winkel.
Ach dafür das Dreieck. mittig, pyramidal,
der Ausguß des Trichters ein Tötungsdelikt.

Im neuesten Essay über die wirtschaftlichen Folgen von
Flächenbombardements erscheinen die Opfer als Randnotiz.
Kein einziger Protest aus der Statistik.
Papier ist geduldig.

Flächig, Strich für Strich, keine Liste, Opfer, Strich Lücke Strich.
Die Lücken bleiben für immer. Sie nuckelt jetzt
Sangria. Der Kellner bringt eine weitere Runde Osborne.
Kolateralschäden.

Der Stier im Zwiespalt, Marktanalyse. Veterano brennt durch
die Agonie, beruhigt Nervenbahnen, und Resonanzen.
Immer wieder das Klicken beim Öffnen der Bombenklappen.
Verfallsdatum einer Stadt.

Verluste beim Angriff, täglich addiert. Saldi verursachen
dem Banker gegenüber ein flaues Gefühl.
Nicht die Toten an sich, Verlust, Leid, nein seine Bilanzen.
Die Bresche im Portfolio.

Darüber grauer Himmel, nun bar seiner tötlichen Fracht,
skelettierte Häuser, durch stürzende Mauern Fliegende.
Hier gießen sich Tränen über fragmentierte Leiber,
über unsagbares Leid,

zu Trauerspitzen. Sie binden den Staub, der müde ist und
sich mit dem Kinde schlafen legt. Kein Wiegenlied das jemals
so gesungen wurde. Du siehst nackte Füße.
Er denkt an die der Tänzerin von letzter Nacht.

Was macht das mit einem? Fragt der Reporter,
geil auf Schlagzeile. Auflagensteigerung. Er hält mir das Mikro
direkt unter die Nase. Am liebsten ... Dämmerung erbarmt sich
der Scham. Fick dich! ... würde ich ihm in die Fresse ...

oder hast du der Frau auf die Beine geholfen?
Umschaltprogramm. Dein Schattenspender für den Tag danach.
Der Lampenschirm. Meine Bindung an korrekte Satzbildung
verhinderte Schlimmeres.

Fast überfallartig taucht die Erschießung eines Vietkongs auf,
schwarz weiß das verbrannte Mädchen, nackt wie die Füße,
läuft durchs Bild. Cut, cut! das können wir so nicht bringen.
Déjà-vu in New York.

Hängt den Schinken ab! Wir brauchen die Stimmen.
Ihr Tischtuch aus Lügen, voller Flecken vom Blut,
schwarz die verschüttete Milch,
gerinnt in Grauzonen der Wahrheit. Himmel und Eisen.

Die bloßen Hände, die wühlen im Schutt, über Splitter
und Leiber steigend, barfuß durch die Hölle,
Brennpunkt mit einem Kommentar -
dabei sind Sicherheitsschuhe am Arbeitsplatz Pflicht!

Neun Jahre ist der Junge und wacht bei seinem toten Bruder.
Wie war das noch gleich? Nachts schlafen die Ratten doch
... und Goya? Wir erinnern uns. Geschichte im gleichen Land.
Etwas weiter südlich.

Zitat aus einem Tagesbefehl: Der irregeleitete Pöbel
hat sich hinreißen lassen zu Revolte und Mord. Unvollständig.
Legt an! Francisco malte Partisanen: Madrid dritter Mai.
Franco hörte erst nach fünfundvierzig damit auf. Feuer!

Im letzten Telegramm wurden beim Vormarsch auf Kursk
hohe Verluste gemeldet. Tausend mal tausend Guernikas
werden nicht reichen die Reihe der Striche fortzusetzen,
jede Lücke zu wertvoll, als das sie entschuldbar wäre.

Nachtrag: Ein Nichts für die Seelen, in den Lücken die Namen,
Schuld und Sühne für jeden Strich, jeder im Himmel.
Ach verehrtester Paul!
Für wahr, dort liegt man nicht eng ...

Michael Huschens

L`ultima Cena

(das Abendmal: Da Vinci hat es gewußt!)

Durchgestriemt, auf feuchte Wand gerollt,
auch die Gewänder feuchtbesetzte Kapillaren.
Druckausgleich in wollgefasste Rechtfertigung,
ergriffen von Blankscheiben der höchste Verrat.
Gozilla mit dem Pinsel, Geisterjäger, Blockbuster,
erschlägt folgsam Note für Note.

Kein polierter Heiligenschein,
der durch Kasettendecken säuselt, nein!
Im straffgespannten Trapez ist ein jedes Vierkant leer.
Von Zehenteilern blankgewichste Lederriemen,
Raumvermessung. Die Vertreibung aus der Höhle wird
spätestens jetzt zum Politikum, der Sturz von der

Erdenkante, mit tiefem Fall ins kopernikane Weltbild.
Alptraumhaft, die Komfortzone brennt. Deutungshoheit.
In klerikalem Laster, die Heraufkunft von Reformen,
da erodieren Gewinne, der Flammenwerfer der Aufklärung,
ein Brennglas im Convent der Auserwählten.
Unsäglicher Schmerz durch Wahrheit.

Goldgefasste Vorschrift zu ausgegasten Gerüchen,
Harzverbrennung über Risotto Milano mit Morchelmus,
bon appetito! Der Fleischverzicht galt nicht den Fürsten,
die Prophezeiung: Hau rein Gozilla, sie haben es verdient!
Wehende Kutte gibt Ansichten preis.
Verdorrte Geister verlieren an Macht, besonders zur Nacht,

wenn nichts mehr sichtbar ist, da solltest du glauben.
Den ersten Nagel nach der Kreuzigung trieb er ihm ins Ohr.
Ja hat der Herr nicht schon genug gelitten? War das nötig?
Kein Sinn für kritische Untertöne, Konventionalstrafe
mit Androhung von Gewalt, so treibt man eher Schulden ein.
Bringschuld, du bist zu langsam Da Vinci!

Heimlich haut der Prior auf den Putz und entleert sich.
Vorankündigung: Da battel of da mastas!
Völlig überbewertet! Auf Verrat folgt Rache,
Gozilla hatte hier verkackt, und das wusste er.
Da half auch kein Kohlebecken, oftmals unersätlich
bei peinlichen Befragungen zum Sieg der Florentiner.

Der Bäcker aus Caprese hatte ihn erkannt.
Nachhall. Vergossenes Lapislazuli tropft in
orchestrierten Zweiton, in esoterische
Klangschalen. Plitsch Platsch, in Bronze gegossen.
Man hört aus der Ferne ein: Ihr Kinderlein kommet,
Sopranstimmen, und die von Kastraten.

Jene fast unbezahlbaren Individuen. Mille grazie!
Adsumus – hier sind wir! Herr, Heiliger Geist!
Hier sind wir! Mit großen Sünden beladen ...!
Das nur mit Farbe und Pinsel groß an die Wand
zu kriegen? Oh Gott oh Gott! Party am Wochenende.
Superstar mit Fans und Supportern.

Bei Brot und Wein, das Herrengedeck.
Und dann passiert es in aller Öffentlichkeit.
Wir schauen auf! Die Falzklappe greift längs
der Symetrieachse, vertikal bricht sein Nasenbein.
Blicke schießen zentral aus allen Richtungen.
Beruhigt euch! Blitzlicht verboten. Er stirbt immer

wieder neu für euch und beschwichtigt.
Da schwärt Spaltpilz in dunkelsten Ritzen.
Pfusch am Bau, wird weggespachtelt.
Auch übermalter Mist, bleibt Mist. Die böse Ahnung,
seine Heimsuchung, Pestbeulen im Farbauftrag,
infizierte Schichten, da male mal gegen an.

Auf vierzig Quadratmeter Kalkputz mit Sand.
Ein kleiner Korse stellte Pferde rein.
Ammoniakausdünstung, Elektrolythe,
Thermoregulation interagiert mit Bleiweiß,
Temperafarbe mit Blasenbildung, son Scheiß!
Gozilla schwächelte aus heutiger Sicht.

Universalgrundierung, Universalgenie,
da soll einer behaupten er hätte es nicht gewußt.
Verehrte Anwesende, verehrte Gäste, Silencium,
Lautsprecher, Rückkopplung, der verwirrte
Tontechniker mischt gerade Brauntöne,
da kommt die Nachricht:

Einer von euch wird mich verraten!
Magdalena will versorgt sein!
Bitte kümmert euch um sie!
Und Gozilla mischt weiter die Gotik auf.
Eine Ordnung des Apolls. Menschliches
gegen eine kirchliche Weltverklärung.

Am Tage seines Zorns. Ein kleiner Pinsel,
wissend der Vergänglichkeit seines Werkes.
Eine heimliche Freude zu Lebzeiten.
Dem Abt ein Schnippchen geschlagen.
Der Enttarnung knapp entkommen, durch
einen mächtigen Steinmetz, Secco niemals!

Mit Hammer und Meißel, du Lurch!
Duell der Giganten, dann brachen zwei Löwen aus,
und entkamen unbehelligt.
Da Vinci kannte seinen Fehler. Ein Fresco
malt man in frisch feuchten Putz.
Erneut straffällig wurde er nicht.

Abgesang: Parzival fragt:
Woran leidest du?
Und wurde zum Gralshüter.
Da Vinci malte ihn nicht.
Teller und Tasse muß reichen.
Mit dem Mut zur Lücke,

ist Arroganz auch eine Perspektive.
Die Welt staunt.
Der Capreser schüttelt immer noch den Kopf.
Seccotechnik war seine
schlechteste Wahl fürs Abendmahl.
Er wusste es besser.

Xaver Egert

Das Land Aber

Gleich einer Strafe Gottes,
für die Sünder,
prasselt das schlechte Gewissen,
herab aufs kalte Land.

Zerschlägt,
gleich einem Faschingshagel,
den Schirm aus dem Land Aber.
Aber, da kommen sie her;
die Ausflüchte,
die wir uns auf einer reich gedeckten Tafel,
auftischen, garniert mit Lügen (Mahlzeit!).
Doch nun ist aufgegessen,
der Schirm hat Löcher -
wohl höchste Zeit,
in Aber einen neuen zu bestellen.

Xaver Egert

Traumwelt

Wenn man müde wird,
fallen einem die Augen zu.
Man sagt, das liege daran,
dass die Augen keine Lust mehr haben,
die Realität abzubilden,
und deshalb,
ihren Träger in Scheinwelten abgleiten lassen,
die eigenen Regeln folgen,
sich keinen Gesetzen beugen,
nur ihre eigene Logik kennen,
und doch auch Realität sind.

320

Xaver Egert

Winterreifen

Das Selbst wird eingehegt,
durch flache Welt.
Außenwelt wird,
mit Innenwelt,
gleichsam verwechselt.
Gespräche,
so austauschbar,
wie die Winterreifen,
um die es in Selbigen,
oft (viel zu oft!) geht.
Der Versuch ehrlich,
das Selbst zu reduzieren,
vielleicht getrieben von dem Wunsch,
man würde nur als Winterreifen existieren?

Xaver Egert

Dieser Winter

Dieser Winter lässt Herzen voll Wärme gefrieren,
und Herzen aus Stein splittern.
Er konserviert,
was unter weißer Decke liegt,
auf dass es im Frühjahr wieder hervorkriecht
(Welch köstliche Tiefkühlkost!).
Er lässt leeres Gerede
auf blauem Eis
durch Sackgassen schlittern.
Und er erzeugt trügerische Illusionen,
dass Menschen Nächstenliebe noch begreifen könnten,
oder lernen wie es ist, zu fliegen.

Xaver Egert

Verloren

Ein Herz,
gefüllt mit Eiskristallen.
Ein Gesicht,
weiß wie der Tod.
Ein Blick,
reißend wie ein Bach:
doch tiefgefroren.

Die Muskeln,
kalt wie Eis,
- angespannt -
wie in Erwartung,
eines plötzlichen Sommers.
Sie gieren nach Freiheit.
Die Lippen,
- geöffnet -
halten Gevatter Frost,
einen letzten Einwand entgegen.
Er wollte wohl nicht hören.

Wer nicht dabei war,
wird es kaum glauben:
Dass dieser Mensch bis vor kurzem,
noch etwas Wärme in sich trug.

Xaver Egert

Jesu Auferstehung

Es ist Ostersonntag;
es wird aufgetischt,
von allem viel zu viel:
Anderswo verhungern Leute,
während die Kuchengabel zielsicher,
wie ein Scharfschütze trifft,
anderswo sterben Menschen,
während der Mund einen Ozean,
voll Kaffee leert.
Am Horizont ziehen Wolken auf,
während der vollgefressene Überflussromantiker,
auf der Couch sich räkelt.
Der Wunsch, etwas zu tun,
flackert wie ein Waldbrand auf,
regelmäßig und jedes Jahr stärker.
Noch hat das Löschflugzeug Überfluss,
noch Wasser übrig,
das den Möchtegernretter zu löschen vermag.
Da sitzt er nun,
nass beschämt und gelöscht,
vor seinem Teller;
das Wasser tropft aus seinem Haar -
Wie lange noch,
bis es ausgeht?

Xaver Egert

Vom Sehen und Schauen

Wir leben in einer Zeit, in der viele sagen:
Ich hab's gesehen.
Sehen und Schauen:
Das sind Unterschiede.
Richten wir unseren Blick auf etwas:
Dann ist das Schauen.

Richten wir unseren Blick auf etwas,
nehmen es in seiner ganzen Existenz wahr,
und verstehen
(sofern uns das möglich ist):
Dann ist das Sehen.

Es gibt nur wenig auf der Welt,
von dem ich sagen kann:
Ich hab's gesehen.

Xaver Egert

Morgenritual

Jeden Tag am Küchentisch ist Ritual,
in der Früh,
mit Zeitung und mit Tee:
zwei alte Bekannte,
der eine heißgekocht,
der andere kalt vom Morgentau.

Und während die Jahre,
sich Hand um Hand reichen,
wird mein Bekannter aus Papier,
so immer kälter,
so immer abweisender.
Mein Tee und ich stehen dumm daneben,
während du in der früh schon,
lauthals Pessimismus durch die Küche schreist;
gleich einem Kind mit Schreihals,
verkündend von Katastrophen.

Mein alter Bekannter,
so kenne ich dich nicht -
das möchte ich entgegnen.
Doch Bekannte sind keine Freunde,
und du mir keine Rechenschaft schuldig,
warum deinetwegen ein Ritual der Ruhe,
zur Perversion seiner selbst mutiert.
Warum menschliche Ignoranz,
vorhersehbar wie eine zweitklassige Sitcom,
menschlicher Existenz den Schlussstrich zieht.

Du bist nur ein Bote,
unserer menschlichen Schaffenskraft,
in Anbetracht derer wohl jeder,
dem Pessismismus erliegen würde.
Wer wäre ich,
dir deswegen den Mund zu verbieten?

Xaver Egert

Was ist Heimat?

Heimat,
was ist das?
Ist es ein Gefühl?
Sagen zu können,
hier fühle ich mich daheim?
Ist es ein Ort?
Sagen zu können,
hier ist mein Heim?
Ist es eine Zugehörigkeit?
Sagen zu können,
hier wohnen meine Leute?

Ein Vorschlag zur Güte:
Heimat ist,
entspannt,
in einem Hagelschauer,
im Fasching zu stehen,
die kalte Luft zu atmen,
und sagen zu können:
„Ja, das ist hier um diese Jahreszeit so."

Katrina Mogler

Ein schöner Mann

Die Worte fallen aus seinem Mund.
Ach könnt ich sie nur fangen.
Das Bild zerbricht.
Der Mann der bleibt.
Ich fühl mich ... befangen.

Die Worte fallen aus seinem Mund.
Ach, wären sie nur dort geblieben.
Ach, könnt ich sie,
- Stück für Stück - wieder in die Luke schieben.

Die Worte fallen aus seinem Mund.
Und schon ist es passiert.
Die Welt steht still. Ich atme ein.
Der schöne Mann ist ruiniert.

Die Worte fallen aus seinem Mund.
Ach, würd er nur die Goschn halten.
Es könnt so schön sein,
könnt man den Ton ausschalten.

Die Worte fallen aus seinem Mund,
als könnt er nichts dafür.
Hass und Gier sprechen sich leicht,
doch schlagen sie auf's G'spür.

Die Worte fallen aus seinem Mund.
Ich wünscht, ich ließ sie liegen.
Aber ich heb sie auf, Stück für Stück,
um sie mir zurechtzubiegen.

Inhalt

330

332

333

334

Autorinnen und Autoren stellen vor:

Herta Andresen: Unterwegs zum Regenbogen. Geschichten und Gedichte, 160 Seiten, tredition, 2025, 13,50 €
Herta Andresen: Wenn der Mond auf dem Rücken liegt. Gedichte auf Hoch und Platt, 184 Seiten Tredition, 2023, 13 €

Gerhard J.S. Bunk: Kleiner Worte Kosmos. Gedichte und Geschichten, 200 Seiten, BoD – Books on Demand, Norderstedt, 2021, 14,90 €. ISBN: 978-3-7543-2602-2

Marko Ferst: Einzug in die Stille. Erzählung, 112 Seiten, Edition Zeitsprung, 2021, 7,50 €
Marko Ferst: Jahre im September. Gedichte und Erzählungen, 212 Seiten, Edition Zeitsprung, 2017, 11,90 €
Marko Ferst: Republik der Falschspieler. Gedichte, 172 Seiten, Engelsdorfer Verlag, 2007, 9,95 €
Marko Ferst: Umstellt. Sich umstellen. Politische, ökologische und spirituelle Gedichte, 160 Seiten, Engelsdorfer Verlag, Berlin 2005, 9,95 €
Marko Ferst, Franz Alt, Rudolf Bahro: Wege zur ökologischen Zeitenwende. Reformalternativen und Visionen für ein zukunftsfähiges Kultursystem, 340 Seiten, Edition Zeitsprung, Berlin 2002, 21,90 €
Marko Ferst, Rainer Funk, Burkhard Bierhoff u. a.: Erich Fromm als Vordenker. „Haben oder Sein" im Zeitalter der ökologischen Krise, 224 Seiten, Edition Zeitsprung, Berlin 2002, 15,90 €
Leseproben und Bestellung: www.umweltdebatte.de

Hannelore Furch: Stalingrad 3000 km. Die Geschichte eines Spätheimkehrers. Roman, 280 Seiten, neobooks (E-Book), 2015, 2,49 €, Leseproben: https://www.neobooks.com/
Hannelore Furch: Ich und Köln. Eine Erzählung in zwei Teilen. 33 Seiten, neobooks (E-Book), 2015, 0,99 €, Leseproben: https://www.neobooks.com/

Christian Goltsche: Trackable. Roman, 408 Seiten, WaRo-Verlag, 2025, 19,90 €, https://www.waro-verlag.de/p/christian-goltsche-trackable

Regina Jarisch: lauter leben. gedichte, 80 Seiten, ATHENA Verlag 2015, 11,90 €
Regina Jarisch: herzflug, gedichte, 140 Seiten, Leipziger Literaturverlag, 2020
Regina Jarisch: tatsächlich tanzen, 120 Seiten, Leipziger Literaturverlag; Erste Edition, Leipziger Literaturverlag, 2025, 19,95 €
weiteres unter: www.regina-jarisch.de

Eugen Kluev: Wäre ich ein General. Gedichte über den Krieg in der Ukraine, 108 Seiten, Dorante Edition, 2025, 9,95 €

Helga Loddeke: Zeitenwende. Poems, 104 Seiten, epubli, 2023, 9 €
Helga Loddeke: Pandemische Verse. Gedichte, 148 Seiten, epubli, 2020, 7,99 €
Helga Loddeke: Aha-lost. Gedichte. 276 Seiten, epubli, 2021, 12 €
Helga Loddeke: Hügel. Gedichte, 240 Seiten, epubli, 2022, 11€
Helga Loddeke: Zeitenwende. Gedichte. I, 108 Seiten, epubli, 2023, 9,00 €, SBN 978-3-757536-08-4
Helga Loddeke: Einsicht. Poems , 103 Seiten, epubli, 2024, 10,00 €, ISBN 978-3-759822-76-5

Eva Lübbe: Das Experiment - Am See, Gedichte und Fotos, 80 Seiten, BoD, 2010, Hardcover, 22,90 €
Eva Lübbe: Evolution der Eisblumen, Gedichte und Fotos, 56 Seiten, BoD, 2010, 7 €
Eva Lübbe: Leipzig - Mit anderen Augen, Gedichte und Fotos, 72 Seiten, BoD, 2014, 9,50 €
Eva Lübbe: Auf dem Weg zum See, Gedichte und Fotos, 80 Seiten, BoD, 2015, Hardcover 17 €
Eva Lübbe: Ferne Zeiten in weiter Ferne, 78 Seiten, BoD, 2017, 5 €
Eva Lübbe: Ein Jahr in Leipzig, Gedichte und Fotos, 84 Seiten, BoD, 2020, Hardcover, 19,50 €, Taschenbuch 12,50 €
Eva Lübbe: Unterwegs in Zeiten der Corona, Gedichte und Fotos, 80 Seiten, BoD, 2021, Hardcover, 19,50 €
Eva Lübbe: Zeitenwende. Gedichte und Fotos, 72 Seiten, BoD, 2023 Hardcover 23 €, Kindle direct publishing, 2024, Taschenbuch 12,84 € (Leseproben bei Amazon und bei Books on Demand)

René Oberholzer: Das letzte Stück vom Himmel. Gedichte, 96 Seiten, Klaus Isele Editor, BoD, 2021, 16,90 €

René Oberholzer: Analphabeten der Liebe 96 Seiten, Klaus Isele Editor, BoD, 2023, 22,90 €

Carsten Rathgeber: Fäden zur Welt, 148 Seiten, Edition Dorante (BoD), 2024, 9,95 €
Carsten Rathgeber u.v.a.: Pinselstrich, Klavier und Kunst, 404 Seiten, Edition Dorante, 2020, 17,90 €
Carsten Rathgeber et al.: IT-Handbuch, 720 Seiten, Westermann Verlag, 2022 (12. Auflage), 44,95 €
Carsten Rathgeber u.v.a.: Bis dein Blick Meer wird (Kunert, G., Grasnick u.a.), Anthologie des Köpernicker Lyrikseminars und der Lesebühne der Kulturen Adlershof, 412 Seiten, BoD, 2019, 14,90 €
Carsten Rathgeber u.v.a.: Im Dünenblick, 304 Seiten, Edition Dorante, 2019, 15,80 €
Carsten Rathgeber u.v.a.: Auf der Halbinsel, 420 Seiten, Edition Dorante, 2016, 17,80 €
Carsten Rathgeber: Zwischen(t)räume & Grenzwelten. Gedichte, 68 Seiten, Lorbeer Verlag, 2014, 6,99 €

Helga Thomas: 17. Juni – 13. Oktober: Erinnerungen an die DDR, 85 Seiten, Independently published, 2024, 12,50 €
Helga Thomas: Kriegskindheit: Ein Versuch meine Kriegskindheit aufzuarbeiten, 254 Seiten, Verlag Ch. Möllmann, 2012, 15 €
Helga Thomas: Lausche auf den Atem verborgenen Lebens: Gedichte für Nelly Sachs und Paul Celan, 150 Seiten, Verlag Ch. Möllmann, 2007, 14 €
Helga Thomas: Warte, bis die Seerose blüht. Roman, 654 Seiten, Verlag Ch. Möllmann, 2006, 25 €

Dirk Tilsner: Blume im Exil. Gedichte, 132 Seiten, anderort - verlag für lyrik, 2025, 14 €

Willi Volka, Jenseits vom Hortus, Seismographe 2, Gedichte, 105 S., Books on Demand, 2018, ISBN-9198054071778, auch als Kindle Ausgabe (Aspekte vom Gartenreich und der Welt außerhalb)
Willi Volka: Jenseits vom Hortus. 100 Gedichte, 117 S. Books on Demand, 2018, ISBN-9198054071778

Berge und Sichten

Gedichte

Friedrich Kieteubl, Dirk Tilsner, Heike Streithoff

432 Seiten, 2024

Der Donauherbst begrüßt uns, Alleen öffnen sich. Der Alpenraum wird in diesem Gedichtband häufiger vermessen. Gletscher ziehen sich immer weiter und weiter zurück. Von der Bergfahrt eines Dampflokzuges, dem Kohleschaufeln, gibt es Bericht und ein befreiendes Pfeifen. Gedanken beim Wandern bergan, ökologische Schuld lässt sich nicht abschütteln. Fjorde frieren nicht mehr zu, Wetterberichte dokumentieren auffällige Aspekte. Eine wirklich dramatische Schlagzeile würde lauten: Die Flüchtlinge kehren in Scharen zurück. Ossietzky druckte was andere verschwiegen. In der Ukraine gleichen manche Orte Ruinenzonen, Folter thematisiert ein Gedicht. Normalität befindet sich hinter unseren Bezahlschranken, utopische Wendungen werden buchstabiert. Auch Schaukelpferde können aussterben. Orcas auf hoher See bedrängen ein Boot, alle bleiben an Bord. Abgespielt wird eine Hommage an das Lichtspielhaus. Liebesgedichte finden sich ebenfalls in dieser Anthologie. Oranges Mosaik aus Zuversicht, lässt es sich setzen?

Leseproben bei Thalia, Buecher.de u.v.a.

Jahre im September
Gedichte und Erzählungen

Marko Ferst

Edition Zeitsprung

Jahre im September

Gedichte und Erzählungen

Marko Ferst

212 Seiten, Edition Zeitsprung, 2017

Über Ostseeinseln wie Öland und Usedom streifen die Gedichte. Sie führen in die schwedische Schärenstadt sowie nach Buchara, Samarkand oder in den Ural. Magische Ausflüge in die Natur und Tierwelt tauchen auf. Gedichte zu Musik, Literatur und Malerei reichern diesen Lyrikband an. Unter die Lupe genommen wird der Drang der Regierenden, uns mehr und mehr auszuspionieren. Kritik zieht das gescheiterte Afghanistan-Abenteuer auf sich, das syrische Totenfeld wird umrissen. In Bangladesch zeichnen sich weitere Landnahmen des Meeres ab, Wasserstände, die mit unserem verschwenderischen Lebensstil im Norden verbunden sind. Sondiert wird, warum unsere Zivilisation ökologisch zu scheitern droht, sich längst im Spätstadium befindet. In der Arktis zeigt sich, wie weit das Vorspiel zum Klimaumsturz schon gediehen ist. Spitzbergen archiviert unsere letzten genetischen Hoffnungen. Den Spuren und Abgründen einer mysteriösen Krankheit wird nachgegangen. Der Band enthält zwei Erzählungen - eine arktische Begegnung zwischen weißen Raubtieren und einen Blick in das sowjetische Speziallager Sachsenhausen.

Leseproben: www.umweltdebatte.de Bestellung: marko@ferst.de

Fäden zur Welt

Lyrik zur Existenz

Carsten Rathgeber

147 Seiten, Dorante Edition, 2024

Licht fällt auf gelben Raps, Flügelschatten mustern. Momenten der Ewigkeit in Augenblicken und in den Rissen vom Dasein spürt dieser Lyrikband nach. Was trägt und bindet uns? Ideen und Gefühle tauchen auf, verklebt wie eine Endmoräne. Besprochen wird das karge Holz der Welt, die unlösbaren Felder. Künstliche Intelligenz erobert sich wie eine vierte Kränkung Terrain, mitunter nimmt sie die Wahrheit nicht so genau. Im syrischen Mondlicht werden Böden und Fugen blutverklebt hinterlassen. Raketenwerfer sind versteckt in Scheunen, Lügentrolle poltern auf den Straßen. Kurzgedichte folgen ihrem freien Lauf aus Momenten. Kaffee, Kuchen und Zeitung entfalten das Mögliche und hinterlassen Rätsel im Caféhaus. Im dritten Abschnitt des Bandes sind vermehrt die Tage der Liebe im Blickfeld, helles Licht, weiche Lippen. Die vorliegenden Gedichte orten die eigene Existenz und die Fäden zur Welt, die halten und leiten. Ein Pharisäer erlöst uns.

Leseproben bei Thalia, Buecher.de u.v.a.
Bestellen, Kontakt: carsten.rathgeber@gmx.de
Webseite: https://carstenrathgeber.wordpress.com/lyrik/

Bis dein Blick Meer wird

Gedichte

**Ulrich Grasnick, Günter Kunert, Sigune Schnabel
Henry-Martin Klemt, Charlotte Grasnick, Marko Ferst u.v.a.**

412 Seiten, 2019, 14,90 €

In der frischen Brise kurven Möwen über Dünen und Meer hinweg. Viel Weiß verbrauchte Caspar David Friedrich für seine Kreideküste. In einem weiteren Gedicht bricht die brennende Takelage des Winters herunter, umkreist von Rottgänsen. Farbige Versprechen tauchen beim Mexikanischen Totenfest auf, neue Kleider werden geschenkt. Ein Traumdetektiv geht auf die Suche. Patagoniens Puma und die Ruta 40 bekommen ihren Auftritt, Andengipfel. Für die Mutter will jemand kochen in einem syrischen Garten mit Datteln, wenn der Krieg vorbei ist. Blaue Pausen fallen in das Meer der Töne, Debussy verzaubert mit Flöten die Hörer. Krakauer Tauwetter, jemand spielt auf einer geraubten Trompete. Wie könnte Frühlingsluft durch die Flure der Zivilisation wehen? Der Müggelsee lädt zu einer Dampferfahrt ein. Grafiken von Dorothee Arndt illustrieren den Band. Das Köpenicker Lyrikseminar mit der Lesebühne der Kulturen Adlershof ist seit weit mehr als vier Jahrzehnten eine Institution. Für diesen Gedichtband wurden zahlreiche Gäste dazugeladen.

Leseproben: www.umweltdebatte.de Bestellung: marko@ferst.de (dt. Porto frei)

Am Morgen nach dem Schneefall

Erzählungen und Gedichte zu Winter und Weihnacht

Kerstin Werner, Roland Jähnichen, Bettina Engel-Wehner, Volker Teodorczyk

2024, 448 Seiten

Winterstimmungen aus der Kindheit werden wachgerufen. Immer wieder wird der spannende Weihnachtsabend erwartet. An besondere Geschenke erinnert man sich viele Jahre später. Eine Exkursion um den Stechlinsee zurück zum Quartier zieht sich ungeahnt in die Länge. Folgen Sie den exotischen Regeln, wie man in der Sowjetunion reisen durfte oder eben aufgehalten wurde. Plötzlich saß man mitten in Sibirien fest in den Fängen der Miliz. Räucherkerzen von besonderer Mixtur entstehen aus einer Strafarbeit heraus, der Sohn hatte sich ungefragt das Auto des Vaters für eine Spritztour geliehen. Nach Kriegsende eine Wohnung zu bekommen war schwer, ein geschenkter Anzug führt zu überraschenden Folgen. Vom dunklen Schattenreich der Weihnachtsgeschenke berichtet eine surreale Geschichte, die Klimagefahr öffnet einen anderen Blick auf unseren Konsum. Einen Protagonisten verschlägt es gar auf die Antarktisstation Neumayer III. Die Nebelgespenster eines Schneesturms dringen in unseren Blick. Der Bandenthält neben Erzählungen zahlreiche Gedichte über Winterlandschaften, die Adventszeit und deAn Heiligen Abend. Hören Sie, der Weihnachtsmann klopft an die Tür!